Contents

目录

国宝大迁移

向斯 著

山东美术出版社

SHANDONG FINE ARTS PUBLISHING HOUSE

图书在版编目（CIP）数据

国宝大迁移 ／ 向斯著． —— 济南 ：山东美术出版社，
2016.3（2018.9 重印）
（国宝背后的秘密）
ISBN 978-7-5330-5917-0

Ⅰ．①国… Ⅱ．①向… Ⅲ．①故宫－文物保护－史料
－ 1933 ～ 1949 －青少年读物 Ⅳ．① K870.4-49

中国版本图书馆 CIP 数据核字 (2015) 第 304099 号

策　　划：肖灿 李晓雯
责任编辑：贾琼 李艺
装帧设计：李伊
图片摄影：林京

主管单位：山东出版传媒股份有限公司
出版发行：山东美术出版社
　　　　　济南市历下区舜耕路20号佛山静院C座（邮编：250014）
　　　　　http://www.sdmspub.com
　　　　　E-mail：sdmscbs@163.com
　　　　　电话：（0531）82098268　传真：（0531）82066185
　　　　　山东美术出版社发行部
　　　　　济南市历下区舜耕路20号佛山静院C座（邮编：250014）
　　　　　电话：（0531）86193019　86193028
制　　版：山东新华印务有限责任公司
印　　刷：青岛海蓝印刷有限责任公司
开　　本：880mm×1230mm　32开　6.75印张
版　　次：2016年3月第1版　2018年9月第2次印刷
字　　数：164千字
印　　数：5001－10000
定　　价：28.00元

一、故宫三大馆

故宫博物院成立

　　1924年11月5日，溥仪和他的后妃们被驱赶出宫。11月24日，由社会各界知名人士和政府官员组成办理清室善后委员会，以公正的态度，清点清宫遗物，办理各种善后问题。委员会设委员长1人，由李煜瀛先生担任，下设委员14人：民国代表9人——汪兆铭（易培基代）、蔡元培（蒋梦麟代）、鹿钟麟、张璧、范源濂、俞同奎、沈兼士、葛文濬、陈垣；清室方面5人——绍英、载润、宝熙、耆龄、罗振玉。当时的摄政内阁发布命令：（清室善后）委员会结束之后，即将宫禁一律开放，备充国立图书馆、博物馆之用。

　　按照《办理清室善后委员会组织条例》和摄政内阁的指令，委员们讨论故宫博物院的名称和组织条例，确定故宫博物院是一个长期的事业机构，性质如同图书馆、博物馆，因为珍本秘籍、文物珍宝如此丰富，机构内肯定包含图书馆、博物馆。考察世界各国博物馆，特别是各国皇宫博物馆，通常包括博物馆、图书馆两大部分。如大英博物馆，其藏品就是图书、文物，由18世纪汉斯爵士遗赠的私人图书馆、文物和19世纪英王乔治四世捐赠的大量藏书构成。因之成

溥仪逊位后的故宫

立图书馆、博物馆。

1912年2月12日，清帝溥仪退位之后，紫禁城被称为故宫。各国有直接以皇宫命名博物院的，如土耳其伊斯坦布尔托普卡珀宫博物馆、德国柏林皇宫博物院。在北京，既然博物院以故宫为院址，主要职责是收藏、整理、保管和利用清宫所遗留的国宝、文物、图书、档案，最后，确定成立故宫博物院。院中设立两大馆：图书馆、古物馆。图书馆之下，设立图书部、文献部，选出董事21人，理事9人，并制定了《故宫博物院临时组织大纲》。

故宫博物院设立临时董事会和临时理事会，设立董事21人：严修、卢永祥、蔡元培、熊希龄、张学良、张璧、庄蕴宽、鹿钟麟、许世英、梁士诒、薛笃弼、黄郛、范源濂、胡若愚、吴敬恒、李祖绅、李仲三、汪大燮、王正廷、于右任、李煜瀛。设理事9人：李煜瀛、黄郛、鹿钟麟、易培基、陈垣、张继、马衡、沈兼士、袁同礼。

溥仪出宫以后，在谈到宫中的稀有珍宝和宫廷秘籍时说："宫中之物，系汉唐以来历朝之物。吾既逊位，不得而私。一切珍宝，本来出自人民，吾不得据为己有，望国民政府，公诸人民。"

1. 古物馆

1925年10月，故宫博物院成立，最初设立两大馆：古物馆、图书馆。故宫博物院理事会公推易培基为古物馆馆长，张继为副馆长。馆址最初设在隆宗门内南屋三间，后迁往慈宁宫北部的西三所。1928年6月，国民政府接管北京以后，任命李煜瀛为故宫博物院委员长，易培基为故宫博物院院长兼古物馆馆长。

故宫博物院又从社会各界聘用古器物、历史、文献等方面的专家学者出任古物馆专门委员会委员，负责审查、鉴别宫廷书画、铜器、瓷器、竹器、木器等宫藏古代器物和珍宝。古物馆古物委员会专门委员有：江庸、沈君默、吴瀛、俞家骥、容庚、陈汉第、郭葆昌、福开森、邓以蛰、钱桐等。另有三位德高望重的委员，到任后不久即故去：丁佛言、廉泉、曾熙。

第一任理事长李煜瀛，河北高阳人，字石曾，以石僧为笔名发表文章，晚年自号扩武，是清末著名的大学士李鸿藻的第三个儿子。1902年，他以清廷驻法公使孙宝琦随员的身份到法国求学，时年21岁，先后就读于蒙达迪埃农校、巴斯德学院、巴黎大学。1906年，他加入同盟会，同张人杰、吴稚晖一道创办《新世纪周报》，影响很大。

辛亥革命以后，他来到北京，创办了留法俭学会，帮助许多有志青年留学法国。1914年，他再赴法国，与蔡元培一同组织西南维持会，救助中国留法学生；他还创设了勤工俭学会、法华教育会，创办《旅欧杂志》，在留学生中赢得了很高的地位。1917年，他回到北京，应聘任北京大学教授。1919年，他组织留法勤工俭学会，帮助了一批又一批学生赴法勤工俭学。1920年，他在北京创办中法大学，并同时在法国里昂创办中法大学分校，任董事长、理事长兼校长，培养了一大批政

故宫博物院理事长李煜瀛

法方面的人才。

1924 年，李煜瀛当选为国民党中央监察委员。这年 11 月，他以北京文教界的知名人士和著名学者身份，应主持北京事务的冯玉祥之邀，与鹿钟麟、张璧一同带兵进入紫禁城，驱逐逊帝溥仪出宫。随后，清室善后委员会成立，受聘为委员长——他是第一委员长。

李煜瀛清正、廉明，处处从保护文化遗产着眼，聘任各界知名学者和有识之士组织点查委员会，安排逐殿点查物品，工作兢兢业业，认真细致。从清室善后委员会到故宫博物院成立，他排除了种种干扰，克服了许多难以想象的困难，为保护宫廷文化遗产、创办故宫博物院，做出了卓越的贡献。

1925 年 10 月 10 日，故宫博物院成立，李煜瀛受任为临时董事会董事、临时理事会理事，主持院务工作，有条不紊地开展各项文物集中整理、研究、出版和展览陈列工作。次年 3 月，被北洋政府通缉，他被迫离开北京。1928 年，国民党国民政府统一南北，正式接管故宫博物院，他受命为故宫博物院理事会第一任理事，兼中央古物保管委员会委员、国立北平大学校长。

李煜瀛是杰出的社会知名人士，是故宫博物院的创建人之一。后来，他先后担任北平研究院院长、指导整理北平文化委员会副会长、国民党北平政治分会常委。抗日战争期间，他从事外交活动。抗战胜利后，他曾主持北平研究院工作。随后，他前往台湾，从事国际文化交流活动。1956 年，他定居台湾台北，1973 年去世，终年 92 岁。生平著述，主要有《石曾笔记》《石僧随笔》《扩武自述》。

易培基，湖南长沙人，字寅村，别号鹿山。他毕业于湖北方言学堂，参加了辛亥革命武昌起义，随后去日本。1913 年，他回到故乡湖南，先后受聘为湖南高等师范学堂、长沙师范、湖南第一师范教员。他学识渊博、组织能力过人。1920 年，时年 40 岁，他先后担任湖南教育委员会委员长、湖南第一师范学校校长、湖南省立图书馆馆长、湖南省长公署秘书长等职。

1922年，易培基来到广州，受任孙中山先生顾问，受聘为广东大学教授。1924年，冯玉祥发动北京政变，成立临时执政府，他受任黄郛摄政内阁教育总长。这年11月，清室善后委员会成立，他代表汪兆铭委员，参加善后委员会工作，受聘为善后委员会图书博物馆筹备会主任，主持完成故宫博物院的筹建工作。1925年10月10日，故宫博物院成立，他任故宫博物院临时理事会理事，兼故宫博物院古物馆馆长，兼北京女子师范大学校长。

故宫博物院首任院长易培基

1926年3月，易培基和李煜瀛同时被北洋政府通缉，被迫离开北京。第二年9月，他就任上海劳动大学校长。1928年10月，调任国民政府农矿部长。1929年3月，他受国民政府委派，正式接任故宫博物院第一任院长。他作风严谨，严格按照《故宫博物院组织法》调整院内机构，设立故宫三大馆——古物馆、图书馆、文献馆，他以院长兼任古物馆馆长。他全面开展各项业务工作，将宫廷文物分类集中、整理、保管，并聘请各界专家、学者组成专门委员会负责业务工作。

易培基是杰出的社会知名人士，是故宫博物院的创建人之一，也是故宫博物院走向鼎盛的最重要的功臣。然而，命运有时十分残酷，他为创办和发展故宫博物院呕心沥血，可是，却因故宫博物院而受冤，忧愤致死：1933年1月，京津危急，他受命将宫廷文物精品装箱南迁；突然，"盗卖故宫文物"这一莫须有的罪名从天而降，扣到了他的头上。他四处奔走，申辩无门，最后，走投无路，忧郁激愤而死，年仅57岁。

2. 图书馆

　　故宫博物院图书馆，接受的是清宫各皇家书室收藏的古旧图书。陈垣任图书馆馆长，袁同礼、沈兼士任副馆长。馆中设图书、文献二部，以紫禁城西部的寿安宫为馆址，而图书馆文献部的办公处设在紫禁城外东路的南三所。1926 年 12 月，江翰任故宫维持会会长。图书馆接收了国务院移送过来的观海堂、方略馆、资政院原藏古书和前清军机处军机档案，图书馆组织人员进行全面整理。

　　1927 年 11 月，王士珍任故宫博物院管理委员会委员长。故宫博物院仍设古物馆、图书馆，图书馆下设图籍、掌故二部，任命傅增湘为图书馆馆长，袁同礼、许宝蘅为副馆长。图书馆负责提取各宫殿图书集中于寿安宫，分类收藏。1928 年 6 月，易培基任院长，聘用庄蕴宽为图书馆馆长，袁同礼为副馆长。1929 年 5 月，成立图书馆图书专门委员会，聘请全国古籍方面的知名学者出任专门委员：陈垣、张允亮、陶湘、朱希祖、卢弼、余嘉锡、洪有丰、赵万里、刘国均。

　　故宫博物院图书馆馆长陈垣（1880 年—1971 年），广东新会人。他的父亲是经营药材生意的，生意做得不错，家道殷实。他从 7 岁开

故宫博物院图书馆大门寿安门

始入私塾就读，自小就对史学产生了浓厚兴趣，12 岁就迷恋大学者张之洞的《书目答问》一书，并就书中所列书籍，有选择地阅读。13 岁时，他就开始阅读《四库全书总目提要》。就这样，陈垣走过了一条漫长的自学之路，并从中摸索出了成功的经验，品出了古书三昧。

晚年时，他这样总结自己：

故宫博物院图书馆馆长陈垣

　　我读书，是自己摸索出来的，没有得到老师的指导。有两点经验，对研究和教书或者有些帮助：一、从目录学入手，可以知道各书的大概情况，这就是涉猎，其中，有大批的书可以不求甚解；二、要专门读通一些书，这就是专精，也就是深入细致，要求甚解。

　　陈垣先生 17 岁时到北京应试，那是光绪廿三年，他因八股文写得不好而落第。回乡后，他潜心攻习八股文，希望下次高中榜首。但他白忙乎了两年，因为废了科举。从南方弥漫全国的反清浪潮一浪高过一浪。应试失败以后的陈垣很快便投身于反清行列中。1904 年，他筹办广州《时事画报》，时年 24 岁。后来，他在广州振德中学任教员。

　　陈垣父亲的肾结石，中医束手无策，西医轻松的一个手术便手到病除。这对他影响很大，他决定学习西医，就进入广州的美国教会博济医学校。后因该校不尊重中国师生，他愤然离去，创办了光华医学校和光华医院，时年 28 岁。第二年，是宣统元年（1909 年），他利用学校暑假，与诗人苏曼殊的族兄苏维翰一同去日本，访求医学史方面的书籍，收获颇丰，随之发表了一系列中国医学史的文章。

　　陈垣 31 岁毕业后，在光华医学校教书，并兼任广州《震旦日报》编辑。他广泛涉猎二十四史诸书，精读了许多精品佳作，对宋诗词大家陆游和近世大史学家赵翼推崇备至，曾写诗赞叹：百年史学赵瓯北，千载诗名陆剑南。

　　陈垣博学多才，以史学家驰名于世。他潜心于研究宗教史和中国历史，在宗教史、元史方面取得了非凡的成就。辛亥革命以后，他当选为国民政府国会议员，从广州移居北平——这里八朝古都的文化氛围和浩如烟海的历史典籍成就了他的历史研究，造就了他一代大家的功业。他回忆说："辛亥革命后，重入北京，时热河文津阁《四库全书》移贮京师图书馆，因此，可以补读从前在广州未见的书。如是者十年，渐渐有所著述。"

陈垣很早就看过旧抄本《元典章》，对元史兴致很浓。到了北平以后，看到史学家钱大昕注重元史的看法，更增添了对元史的兴趣。他购得了沈氏刻本《元典章》后，即着手五种版本的校对，最后，校出沈氏精刻本中存有一万二千余处错误，从中选出一千余条作为例子，分门别类，编成《元典章校补释例》一书，成为近代校勘学史上的经典之作，也是他继《元也里可温考》之后又一部很有分量的史学作品。

陈垣在校勘方面成就斐然，《旧五代史辑本发覆》便是代表作。他参引了二百余种古书完成的《元西域人华化考》是他在国内外史学界获得高度评价的一部史学著述，在中国历史研究和民族史、中外关系史领域留下了浓重的笔墨，增添了光辉的一页——他旁征博引、生动形象地叙述了元朝一百年间西域人华化的盛况。他的史学著作甚丰，避讳学的代表作是八卷本的《史讳举例》；史学工具书方面的代表作是一直为后世学者、学人们称道的《二十史朔闰表》和《中西回史日历》。

在宗教方面，陈垣的研究成果可与史学方面媲美。他是一位具有宗教热情和虔敬信仰的学者，他对于宗教自然倾注了智慧和热情。他侧重于宗教历史源流和演进的研究，叙述宗教流派的盛衰，考察其与政治的关联。他关注的宗教派别有基督教、火袄教、摩尼教、伊斯兰教、佛教等。代表著述，包括《开封一赐乐业教考》《火袄教入中国考》《摩尼教入中国考》《基督教入华史略》《佛教能传布中国的几点原因》。他曾谈到过，最初研究宗教时的情形：

丁巳 (1917) 春，居京师，发愿著《中国基督教史》，于是，搜求明季基督教遗籍益亟，更拟仿朱彝尊《经义考》、谢启昆《小学考》之例，为《乾隆基督教录》，以补《四库总目》之缺，未有当也。已而得《言善录》，知野人藏此类书众，狂喜，贻书野人，尽假而读之。

陈垣先生以渊博的学识和丰富的著述驰名中外，在京师名噪一时，成为著名的史学大家和学者。1921 年 12 月，他充任教育部次长之职，时年 41 岁。第二年，他被聘为京师图书馆馆长。他利用丰富的馆藏，继续从事研究，着重研究馆藏敦煌写经，于 1924 年完成《敦煌劫余录》和《道家金石略》一百卷。1925 年，陈垣先生被聘为清室善后委员会委员、故宫博物院图书馆馆长。

袁同礼 (1895 年—1965 年)，字守和。河北徐水人，华裔美国图书馆学家，目录学家。1895 年，生于北京。1916 年，毕业于北京大学，进入清华园图书馆工作。1917 年，任清华学校图书馆馆长。1918 年，当选为北京图书馆协会会长。1920 年，获奖学金，赴美深造，进入美国哥伦比亚大学和纽约州立图书馆专科学院攻读。1922 年，获文学学士学位。第二年，获美国纽约州立图书馆专科学院图书馆学学士学位。1923 年—1924 年，曾在伦敦大学研究院攻读一年，也曾在巴黎古典学校学习，并在美国国会图书馆任职。1924 年年底回国，任广东岭南大学图书馆馆长，并担任中华图书馆协会秘书。

1925 年，袁同礼任故宫博物院图书馆副馆长。1925 年—1927 年，任国立北京大学目录学和图书馆学教授，兼图书馆馆长。1926 年—1929 年，任北京图书馆馆长。1929 年—1948 年，任国立北平图书馆副馆长和馆长。任职期间，他建立了北平图书馆各种规章制度，全面开展图书馆业务。他将图书馆工作分为采访、编目、流通、参考等部门；不遗余力，广泛搜罗图书馆各方面专业人才，派员出国学习深造，全面进修；创办馆刊，进行图书馆专业方面的学术研究；编辑多种卡片目录、联合目录和书目索引，等等。

袁同礼树立了中国现代图书馆之楷模，获得图书界和学术界的好评。1945年，获美国匹兹堡大学颁发的法学名誉博士学位。1949年，赴美定居。1949年—1957年，任斯坦福大学研究院编纂主任。1957年—1965年，到美国国会图书馆工作，是书目提要编著人以及美国国会图书馆中国文献顾问。1957年，工作至退休，一直在美国国会图书馆编目部工作。1965年2月，因癌症卒于美国华盛顿。

袁同礼担任北平图书馆馆长时，曾聘请大量专家，为该馆藏书、编目、书目等项业务全面展开工作，为业务打下了坚实基础。他是中国图书馆事业的带头人，是新图书馆运动的主要活动家之一。他对古代藏书颇有研究，著有《永乐大典考》《宋代私家藏书概略》《明代私家藏书概略》《清代私家藏书概略》，史料翔实，对宋、明、清三代私人藏书家史料的分析和研究，较为精辟。赴美之后，论述丰富，主要包括：《中国经济社会发展史目录》《国会图书馆藏中国善本书目》《西文汉学书目》《中国留美同学博士论文目录》《现代中国数学研究目录》《中国留欧大陆各国博士论文目录》《新疆研究丛刊》《中国美术学目录》等，以及论文数十篇。

抗日战争时期，袁同礼在保护善本方面，功不可没。

"七七事变"前夕，京津危急，北平形势越来越紧张。袁同礼十分担心北平图书馆苦心经营多年，善本众多，如何避免落入日本人之手？袁同礼吩咐，将北平图书馆甲库所存180箱、乙库所存120箱，共计300箱善本书籍，秘密运往上海法租界，妥善保存。最初，存于法租界亚尔培路科学社图书馆；后来，转移到吕班路震旦博物院。

1940年6月，法国失败。法国在远东的权利，大半落入日本人手中。于是，上海法租界允许日本宪兵随时进入搜查。这样，寄存于法租界的中国政府之珍宝、物品，许多被日本攫取。袁同礼和学术界人士，面对如此情况，对寄存上海的300箱善本古籍，忧心忡忡。袁同礼寝食难安，苦心孤诣，考虑万全之策。最后，袁同礼决定，将这批珍贵古书，运往美国，寄存到美国国会图书馆暂时保管。

　　袁同礼馆长找到美国驻中国大使詹森，以及上海总领事F.P.Lockhart，寻求帮助。可是，这二人拒绝了袁同礼的请求，他们认为：这是中国自己的事，应该由中国人自己解决。这时，北平图书馆决定，移址昆明。日本战机深入中国腹地，狂轰滥炸。北平图书馆善本古籍迁移时，被连续轰炸三次，十分危险。长途转运，需要大笔经费，非常艰难。当时，大后方通货膨胀严重。长途跋涉，馆中学者以及工作人员，日子十分艰难，正常工资也无法保证。日本人野心勃勃，开始大量收买散落各地的文史资料和珍贵图书。袁同礼清楚地认识到日本人的险恶用心，忧心忡忡，担心古籍图书损失。于是，他向国民政府申请经费。没想到，他不但没有获得经费，反而受到中央图书馆和国民政府教育部的排挤和打压。

　　当时，教育部拿出 80 万美元，分配到国内各学术机关、西南联大，中央研究院各获得 35000 美元；中央图书馆，获得 10000 美元；北平图书馆，分文没给。袁同礼致信政府，据理力争，最后，才给了 1700 美元。袁同礼十分愤怒，他给胡适写信，不禁大骂：这种分配，"既毫无计划，而分配款项，又系分赃性质！"没有办法，他向中基会申请购买图书费，中文购书费，仅给 6000 元；西文购书费，开始同意给国币 50000 元，后来减为 25000 元。当时 1 美元可换 30 元国币。

　　1941 年 1 月 18 日，胡适前往美国国会图书馆，拜会馆长麦克利什，商谈北平图书馆善本书暂存事宜。胡适答应，这些北平珍贵古籍运到美国以后，允许国会图书馆全部摄影 Micro—film。不过，请他们摄影 3 份：1 份，由美国国会图书馆保留；另外两份，将来这些珍贵古籍运回中国时，一并交还中国。

　　商谈很顺利，麦克利什馆长同意。为了防止古籍出关时，或者运送过程中被日人劫获，胡适前往美国国务院，郑重告知，这批古书对于中国人来说，十分重要；现在，美国国会图书馆已经答应，暂时寄存；在运送过程中，务必专人押送，"非美政府派人押护，方能免除危险"。

1941年2月1日，胡适再次找到美国国会图书馆，请求国会图书馆派专人前往上海，帮助运送古籍。可是，麦克利什不同意，他说，接洽运送，反而会引起日本人的注意。美国国会图书馆同意，暂时存放。然而，袁同礼既没有钱，又没有人，如何运送？真是困难重重。胡适找来王重民和吴光清先生，一起商议。商议的结果：一是，由胡适自己掏钱，解决运输问题；二是，派王重民回去，相机行事。

1941年2月2日，胡适为王重民写了好几封介绍信。2月3日，王重民出发。胡适委托王重民，为他从商务印书馆中，买1套百衲本《二十四史》及《丛书集成》；美国国会图书馆，让他从商务印书馆中买一批书籍。因此之故，王重民考虑，能不能将这些古籍，混入这些书箱，一起带出。2月6日，王重民到达旧金山，给胡适发信，进一步完善上述方案。2月28日，王重民到达香港，袁同礼等候他。3月4日，两人一同到达上海。

上海租界，已被日军严密封锁。法租界，已经十分不安全。法租界、公共租界交通便捷，将古书搬运美国之前，必须先从法租界搬出来。3月12日、13日两天时间，用卡车将这些书搬出。为了易于搬运，王重民和袁同礼在旁边租房，逐箱打开挑选，剔去重本以及书本重大而少学术价值者；精中选精，最后，挑选出最善最精古籍，箱数减少为100箱。箱子编号，将所有古书编成目录，中文1份，英文2份。为此，次寻求詹森帮助。詹森说，如果北平图书馆与国会图书馆签订一个协议，声明国会图书馆借用此批书籍5年，再由国务院授权上海总领馆，要求其报关时作为美国财产申报，这样，运送就方便安全了。袁同礼闻讯，大喜，立即致信胡适，请胡适运作。对这批书，胡适一直担心焦心。接到袁同礼信后，胡适立即再找美国国务院争取。但是，美国国务院态度未变。

8月份，袁同礼回到上海，再次找到海关，商量办法。袁同礼的执着，感动了海关，当局答应：如果每次运送三四箱，可不要放行证，也十分安全。但是，每次三四箱，这 100 箱古籍，要运多少次？万一走漏消息，怎么办？

　　袁同礼再找美国驻上海总领事 Lockhart，看有没有美国国务院的训令。Lockhart 为他的精神所感动，介绍他去找一位在此开办转运公司的美商 Gregory。袁同礼本没抱多大希望，但是，那位美商一听，立即答应，请他立即将这些古籍，移到美国海军仓库，只要军舰从这儿经过，他就立即负责将它们送上船，运到美国指定之地。美商说，第一，运时不需要经过总领事同意，第二，不收任何运费。

　　袁同礼欣喜若狂，忙碌得不可开交。这批书，从 9 月中旬开始，分批起运。100 箱，分几批运完。没有海关负责，完全凭美商支持，他们寄送时，特别慎重：27 箱，寄往美国国会图书馆；75 箱，寄往加州大学图书馆。这批书寄完，已是 10 月中旬。太平洋战争爆发，美国一切船只停驶上海。袁同礼看着这批书安全转移，如释重负。然而，他家中 3 人患了盲肠炎，小女儿因为割治太迟，不幸夭折。古籍寄出后，袁同礼致电胡适："箱件到美后，分存两地，或应集中一处。"这批书，由胡适全权负责。为了便于保管，1942 年 2 月，胡适赶到加利福尼亚大学，经过交涉，将运到的 75 箱书，移往美国国会图书馆。

　　1946 年 4 月，胡适准备回国，就任北大校长。1 日，他写信给美国会图书馆馆长休默尔，向他表示感谢："在八年半中，你在收藏和保护汉简，以及北平国家图书馆珍稀图书方面，对中国做出的巨大贡献，我们所有人，凡是了解并赞誉你对这些中国珍宝做出的极好保护的人，都会久久铭记。"6 日，胡适将收条以及钥匙，交给王重民，托他代为管理，郑重地说："俟将来海运大通时，运回。"1947 年春，开始办理启运回国手续。直至 1965 年，这批古籍，运回台湾。

3. 文献馆

1927 年 6 月，图书馆文献部改称掌故部。1928 年 10 月，故宫博物院调整院设机构，设立秘书、总务二处和古物馆、图书馆、文献馆三馆。从此，掌故部从图书馆中分离出来，单独成立文献馆。文献馆系宫廷文献宝库，专门收藏宫廷文献档案，计有一千余万件，主要包括五大类：内阁大库档案、军机处档案、内务府档案、宗人府档案、宫中档案。但明代的档案极少，仅 3000 余件，而且主要是明末时期的兵部档案。

档案是活的历史，每一份档案都代表着一个重大历史事件或一件真实的历史故事。可惜的是，有许多重要的历史档案，由于人为的原因而惨遭损毁，这之中最著名的事件便是"八千麻袋事件"。

清末宣统元年（1909 年），清室决定修缮年久失修的内阁大库。修缮之前，将大库内收藏的大部分《实录》《圣训》暂时移送大库南边的银库；库藏的书籍、档案一部分存放在大库内，一部分存放在文华殿两庑。

不久，内阁大学士管理学部事务的军机大臣张之洞，奏请以内阁大库所藏书籍设立学部图书馆，其余则系"无用旧档"，请求焚毁。大学问家张之洞的奏请，清室自然同意。第二年六月，内阁大库修缮完成。库藏的《实录》《圣训》仍旧送回大库，库藏的书籍、档案，则如张之洞所请，没有送回大库。学部派参事罗振玉，前往内阁接受库藏书籍。

大学者罗振玉看到堆积如山的书籍和档案，随手翻阅，觉得均很珍贵，绝不是"无用旧档"，而是近代史上十分罕见的稀世史料。罗振玉立即上奏张之洞，请求留下这批珍贵档案，不能焚毁。这批档案就这样幸免于难，侥幸保存了下来：全部交学部收存，一部分拨交国子监南学，一部分送贮学部大堂后楼。

1913 年，北洋政府教育部于国子监旧址设立历史博物馆，该馆接管了这里的档案。3 年后，历史博物馆迁至午门，档案也随之带到午门进行整理：部曹数十人，每人拿一根木棍，将满地的档案随意乱拨，稍整齐的收藏起来，其余的则统统装入麻袋，准备处理。待处理的档案多达八千麻袋，重约 15 万余斤，该馆仅以 4000 元的破烂价卖掉！这便是"八千麻袋事件"。万幸的是，这批档案因为罗振玉出面收购，得以保存下来。

罗振玉（1866 年—1940 年），字式如、叔蕴、叔言，号雪堂，永丰乡人，晚号贞松老人、松翁。祖籍为浙江省上虞市，出生在江苏省淮安县。他是中国近代农学家、教育家、考古学家、金石学家、敦煌学家、目录学家、校勘学家、古文字学家，中国现代农学的开拓者，中国近代考古学的奠基人，对中国科学、文化、学术颇有贡献，参与开拓中国的现代农学、保存内阁大库明清档案、从事甲骨文字的研究与传播、整理敦煌文卷、开展汉晋木简的考究、倡导古明器研究。一生著作甚丰，达 189 种，校刊书籍 642 种。主要成就，就是他与王国维合著之《流沙坠简》。其他代表作品，包括《贞松堂历代名人法书》《殷墟书契》《三代吉金文存》《高昌壁画精华》等。

1898 年，罗振玉在上海创立"东文学社"，教授日文。与梁启超齐名的大学问家王国维，就是东文学社诸生中的佼佼者。1900 年秋，罗振玉任湖北农务局总理兼农务学堂监督。后来，任武昌江楚编译局帮办、上海南洋公学虹口分校校长。1906 年调往北京，在清政府任学部参事兼京师大学堂农科监督。1911 年辛亥革命爆发，罗振玉携家眷逃亡日本京都。期间，著述《殷墟书契》前编、后编及《菁华》等；由王国维协助，撰成《殷墟书契考释》以及《流沙坠简考释》。

1919 年春，罗振玉回国，在天津举办京旗赈灾事务。1921 年，参与发起组织"敦煌经籍辑存会"。1924 年，应清废帝所召，入值南书房。1924 年 11 月，清室小朝廷被冯玉祥驱逐出皇宫，他与陈宝琛将溥仪偷送到日本使馆。1925 年 2 月 23 日深夜，在日本使馆庇护下，他陪同溥仪秘密迁往天津日本租界地张园。随后，因功被委为顾问。1928年末，迁居旅顺。1932年3月，参加溥仪就任伪满洲国执政典礼，并代溥仪向外宾致答词。伪政权时期，任命他为参议府参议。翌年6月，任监察院院长，满日文化协会常务理事。1934年，伪满洲国改行帝制，被邀参与大典筹备委员会委员，受到"叙勋一位"之封赏。1936年，任满日文化协会会长。

　　1937年3月，罗振玉返回旅顺寓所，继续整理刊行所藏古文物史料。他曾大量搜集和整理甲骨、铜器、简牍、明器、佚书等考古资料，均有专集刊行。流传较广者，有《殷墟书契》和《三代吉金文存》等。罗振玉博学通才，先后培养了容庚、商承祚、柯昌济、关百益、孙宝田，以及他的儿子罗福葆、罗福颐等人，成为中国近代史上学有建树的专家。他对于校勘学、目录学、姓氏学、宗教学等等，多有建树。一生著作甚丰，达130多种，刊印书籍500种以上。在政治上，他十分保守，始终效忠清室。"九一八"事变后，他追随溥仪，出任伪满洲国参议府参议、满日文化协会会长等职，时人批他为"汉奸"。1940年5月14日，他在旅顺逝世，终年74岁。

二、国宝紧急装箱

（一）专家挑选国宝

1931 年，沈阳事变，日军虎视眈眈，准备将战火引向中国华北。故宫博物院感到形势危急，奏呈国民政府应急方案：请有关专家将院中所藏百万件文物，选取精品，装箱南迁。国民政府审时度势，同意了这一方案。

当时的紧急情形，参与其事的当事人这样记述："溯自九一八，日人占领我东北，华北之屏障已失。不意三三年开战伊始，国难日深，榆关告警，平市垂危。当时，遂有将文物分迁京、洛之议。然平津人士，多以为京、洛两处，均无适当之仓库可以贮藏，势难安全，群思制止。而政府当局则以为，国宝沦入战地，或遭敌掠，或被摧残，实为我国文化上莫大之损失！乃经中央政治会议，决议南迁。唯以数量浩繁，迁运手续繁难，固非轻而易举者。"

那志良先生谈到当时情形，感慨地说："1931 年 9 月，东北发生了'九一八'事变，大家明白了日本的野心，是想先得到了东北，再向南侵。平津一带，如果发生了战事，故宫里这些国宝，就有危险了。当局认为必要时，应当把这些文物迁运到安全地带。现在就应当准备，就装了箱，紧急时搬运着方便。"

故宫国宝装箱南迁，是当时国民政府决定的，由行政院代理院长宋子文亲自密电启运。档案记载："迭经本院当局与中枢人士文电筹商始行启运决定。本院于三三年二月间，接到行政院代理院长宋子文密令：启运。本院随即开始筹备，选择精品，分别装箱，编号造册，加封标识。荏苒数月，并连同前古物陈列所等家，选择一万九千余箱，分五批装火车，经平汉、陇海、津浦、京沪等路，运到上海，租妥楼房，入库保存。"

文物箱件堆积如山

文物装箱工作，是从1932年秋天开始的。虽然有人认为这是杞人忧天之举，但事实证明这是明智的决策，为后来的突发事件赢得了宝贵的时间。1932年秋初，故宫博物院理事会立即通过装箱南迁决议，报请国民政府核准以后，故宫职能部门和三大馆立即行动起来：秘书处和总务处负责各项准备和协调工作，三大馆则着手本馆文物精品的装箱南迁。

　　文物装箱，可是一门专深的学问。一方面，是文物古董、宝贝书籍如何装？一方面是哪些国宝秘籍应该装？那志良先生记述说："院中主持人们的打算是：一、箱件不必用新箱，买那种装纸烟的旧木箱就可以了。二、棉花可用黑棉花，就是那些旧棉衣、棉被拆下来的，再经弹过一次的棉花。三、同仁没有装过箱，万一装得不好，运出去后打碎了如何交代？决定找那些古玩行里专装出口文物的工人来装，比较放心。谁知，这三个办法，都有毛病！第一、那些装香烟的旧箱本来就不稳固，木料很薄，文物装进后晃晃动动，颇有危险。第二、旧棉花已没有弹性，失了用棉花包装的原意，而且装的时候棉絮到处乱飞，味道难闻。一位同事告诉大家，这叫回笼棉花，是用穿过的棉衣、不用的垫子，甚至婴孩尿垫，再经弹过，人家只能用它做垫子，我们怎能拿来包宝贝？第三、那些请来的装箱工人，到此摆着专家的姿态，拿很高的工资，时常用教训的口吻和我们谈话！……院长听从了大家的意见，叫我们把那旧箱移交给图书、文献两馆。他们装书籍、档案，使用旧箱，没有破伤的危险。"

（二）秘请古玩商人指导装箱

国宝文物的装箱，有两大秘诀，一是紧，二是隔。当时，故宫三大馆都是选派有关方面的专家来挑选国宝、秘籍，他们的想法是，北京有可能沦为战场，应当尽量装最好的文物，尽量装满，尽量减少箱数而增加件数。那志良先生说："三馆——古物、图书、文献装箱时，他们都认为北平有作为战场的危险，应尽量把重要文物装了箱，并抱着设法减少箱数、增加件数的心情。例如，吴玉璋先生装的铜器箱，后来在上海开箱检查时，把铜器搬出来核对后，再装回去时，装不下了。拿出来再重装，仍是不能把所有铜器装进原箱！大家在那里抱怨，当时何必装这许多？而不知原装箱人是一片好心！……图书馆的书籍，文献馆的档案，他们也是装得满满的！唯有秘书处的箱，不是如此。秘书处那时的权责很大，所有宫中文物，在各馆没有把他们应当保管的文物提走之前，一律皆由秘书处保管。我们装箱的文物，都经过我们写过提单，提到我们馆中都能装箱，他们不必经过这手续，他们可以直接到各宫殿去装。那些职员，对文物、图书、文献，一概不懂，叫他们装箱，就有应该装的不装，而那些毫无价值的东西却装了箱！"

秘书处的职员虽然不大懂文物，装了一些"毫无价值的东西"，这是相对价值连城的文物而言的，实际上，绝大多数装箱南迁的都是珍贵的国宝。当时，故宫博物院关于文物装箱的规定是很严格、很细致的，装什么、不装什么通常都要请示院长。故宫博物院主任欧阳道达先生参与了装箱工作，他在给故宫马衡院长的信中说："本院第三次院务会议讨论事项，总务处提案中，有关于南迁所字号箱拟请令饬拨还本院云云：南迁所字号箱，在伪政府时，分院已办移交，并呈报在案。现既议决，建议上级机关当候指示办理。唯有二事，须于移运前决定。一、在抗战时，为检查潮湿、损伤等项，启封、重装之所字号箱，原经决定须开箱按册点交，目前，是否即应完成是项手续？抑待上级机关关于拨还这一问题指示而决夺？二、京字号箱中，尚有所字号文物，在移运前应否办理移交？以上二事，敬请先生即予指示，俾有遵循。"

装箱工作开始于 1932 年秋天，到 1933 年 5 月方才结束。古物馆、图书馆、文献馆都是集中精通业务的专家精心挑选，许多珍贵国宝秘籍被装箱南迁。

（三）珍宝装箱——古物馆

古物馆负责的宫廷古物，种类繁多，品种多样。其中，最为珍贵的就是为历代皇帝们所津津乐道的书画、瓷器、陶器、玉器、铜器和金银器。

清代宫廷收藏着中国古代丰富的书法、书画手卷，这些珍稀之物，都是历代宫廷流传下来的，是历代皇帝御笔之作和各朝名家珍品。这些历代书画佳作，一直主要集中存放在内廷东六宫的钟粹宫和斋戒之地的斋宫，其他皇帝和后妃们生活起居的重要宫室，也有相当一部分珍稀书画，共计大约 9000 余件。

清宫遗存的这些书画名作，包括西晋、东晋、隋、唐、宋、元、明、清名家佳作和清朝皇帝的御笔珍品。其中，主要有：

东晋王珣行草《伯远帖》卷，隋展子虔《游春图》卷，唐虞世南行书《摹兰亭序帖》卷、唐阎立本《步辇图》卷、唐韩滉《五牛图》卷、唐颜真卿行书《湖州帖》卷，五代杨凝式草书《夏热帖》卷，北宋王诜《渔村小雪图》卷、北宋张择端《清明上河图》卷、南宋李唐《采薇图》卷、南宋高宗赵构真草《养生论》卷，元赵孟頫《水村图》卷，明唐寅《函

柳陰花明
雪景寒
山色陌上
茱萸玉
弥辰浅春
趙伯駒詞
宣和以字
題軼軼
平堤試騮
驟晴夜胃
柳絲長
湖光山色
玄騎句不
因吾童真
錦藉
乾隆御題

隋 展子虔 游春图

唐 韩滉 五牛图

虢子虔遊春圖

南宋 李唐 采薇图

清 佚名 萧翼赚兰亭图

清 佚名 萧翼赚兰亭图（局部）

关雪霁》轴，清王翚《秋林图》轴、清郎世宁《聚瑞图》轴等。

　　书画中的精品，凡留存宫中的，都精选装箱，几乎网罗一空。

　　玉器是清朝历代皇帝、后妃之所爱，清代宫中玉器，数量之众多，品种之精美，都是史无前例的。玉器中的精品，集中在斋宫，这次全部装箱南迁。

唐 阎立本 职贡图

瓷器历来是中国宫廷的至爱，也是中国历代宫廷之中收藏最多、品种最为齐全、做工最为精美的古物之一。

宫中瓷器的精华，集中在东六宫的景阳宫，包括宋钧窑、哥窑、汝窑、官窑、龙泉窑，元钧窑、临川窑等名窑精致瓷器，约有3700余件；还有景祺阁，收藏有3400余件明瓷精品。所有这些瓷器，大约7000余件，全部装箱！

古物馆所选择的南迁国宝，是宫廷珍宝的精品，全部装箱，都是按照英文顺序进行编号，从A到F，共2585箱；后来，又补充了46箱，按照天干编号。

古物馆木箱按照英文编号的2585箱，包括：

A 瓷器 1058 箱；B 玉器 158 箱；C 铜器 55 箱；

D 书画 128 箱；E 杂项 380 箱；F 新提 806 箱等。

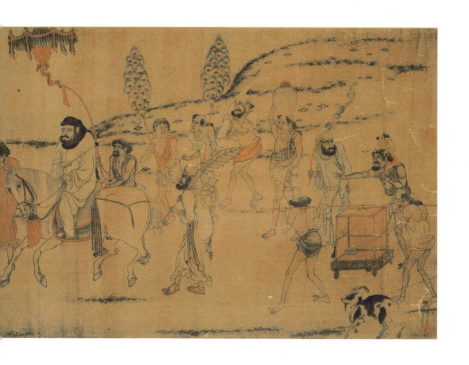

其中，B类玉器158箱内，有3箱装的是宫中的稀有碑帖。当时，碑帖和玉器库房紧邻，挑选玉器的专家知道这些碑帖的珍贵，顺手将它们提出，放在玉库房中，装箱时随同玉器一起装箱，专门负责编号的人就将它们编入玉器类中。

E类杂项380箱，是宫中一些珍稀赏玩类的珍宝，包括：朝珠、如意、文具、扇子、印章、漆器、玻璃器、鼻烟壶、雕刻品、多宝格器玩等。

后来补充的古物馆珍宝46箱，包括：

乙，玉器14箱；庚，铜

北宋 定窑 白瓷婴儿枕

器 2 箱；丁，剔红 10 箱；戊，景泰蓝 15 箱；己，象牙 5 箱等。

（四）古籍装箱——图书馆

图书馆的古旧珍贵秘籍，包括两部分：一是存放于收藏珍贵秘籍原地的特藏珍本书籍，一是集中于寿安宫的各宫殿古书。图书馆首先将存放于原地的特藏秘籍就地装箱，然后在寿安宫将重要书籍精选装箱。图书馆装箱秘籍，按照分类编号，分别以各类古书的首字，或者代表性文字，或者收藏地，按序编号，共计装贮 1415 箱：

藏字 2 箱，宫中秘本《龙藏经》；内字 6 箱，内阁实录库藏秘籍；

佛字 13 箱，宫廷秘本佛经书；满字 23 箱，宫中秘籍满、蒙文刻本；

图字 32 箱，文渊阁《古今图书集成》；绝字 34 箱，明清绝刻本；

志字 46 箱，地方志珍本；大字 54 箱，宫廷秘本《大藏经》；

四库全书

甘字 54 箱，宫廷秘本《甘珠尔经》；观字 62 箱，观海堂杨守敬藏书；善字 72 箱，宫廷善本秘籍；龙字 108 箱，宫廷秘本《龙藏经》；殿字 228 箱，清宫武英殿刻本书；

经字 85 箱，《四库全书》经部；史字 129 箱，《四库全书》史部；子字 139 箱，《四库全书》子部；集字 183 箱，《四库全书》集部；荟经字 28 箱，《四库全书荟要》经部；

荟史字 46 箱，《四库全书荟要》史部；荟子字 26 箱，《四库全书荟要》子部；荟集字 45 箱，《四库全书荟要》集部。

图书馆这次装箱南迁的宫廷秘籍，选取的是宫廷中最为珍贵的书籍，主要包括：

文渊阁《四库全书》，36533 册，《排架图》4 函；《古今图书集成》，5020 册。

摛藻堂《四库全书荟要》，11178 册，《分架图》1 函；

皇极殿《古今图书集成》，5020 册。

乾清宫《古今图书集成》，5019 册；清乾隆年朱印《大藏经》，108 函；清乾隆朱印《满文大藏经》，32 函；藏文《龙藏经》《甘珠尔经》，各 108 函；善本书，13564 册；宛委别藏，784 册。

观海堂藏书，15500 册；地方志，14256 册等等，还有大量宋、元、明抄本、宋、元刻本，满、蒙文刻本，佛经、乾隆石经等等，共 1415 箱，计 14 万余册。

（五）秘档装箱——文献馆

文献馆档案，堆积如山。专家们考虑，选择最为重要的宫廷秘档和史实类书籍，包括文档、册宝、图像、戏本、乐器、服饰和实录、圣训、玉牒、起居注等等。清代宫廷秘档，主要包括：宫中档、刑部档、军机处档、内务府档、清史馆档、内阁大库档等。

宫中档是有关皇帝、太后在处理政务、皇室财政和宫中生活诸方面的重要档案秘籍，包括皇帝信任大臣的重要奏折，重要官员的引见单，上驷院的机密档，皇家银库的机密档，给皇太后、皇上的请安折等。

这次挑选入箱的宫中档案秘籍，主要有：

银库档，124 箱；奏折，121 箱；杂单，110 箱；请安折，54 箱；上驷院档，35 箱；引见履历，17 箱。

军机处档是指王朝中枢机构的军机处所经手和处理的档案，包括皇帝对有关军事、政务的指示和批示，有关重大军事行动的剿捕密件，有关重要官员的引见档案，以及军机大臣们处理的朝廷政务档案。这批秘档，不仅包括汉文的，还有满文的，主要有：汉文折、满文档、上谕档、军机档、引见档、剿捕档等。

这次装箱的军机秘档，包括：

杂档，6573 册；满文档，1845 包；军机档，909 包；汉文档，263 包；杂项档，98 箱；杂册，87 函，又 47 册。

内阁是清雍正皇帝之前的国家政务中枢，军机处成立以后，内阁虽然仍保留着，但大权旁落。不过，有关朝廷的奏折、朝仪等政务活动，内阁都要一一存档，交内阁大库收藏。所以，内阁大库档案，内容十分丰富，极有史料价值，主要包括敕令、诏书、军令、条约、红本、满文档等。

红本，就是高级官员向皇帝奏报政务的文书，凡是有关政务、刑名、钱粮等军国事务的方方面面，文武大臣和封疆大吏等重要官员都可以上书皇帝，他们的奏本由内阁直接进呈皇帝御阅。大臣的奏本，称为题本。题本送到内阁之后，负责有关事务的内阁大臣对题本的内容，提出处理意见，就是拟出批语，称为票拟。皇帝接到题本，参阅大臣的票拟意见，提出自己的看法。皇帝阅准之后，内阁和批本处先后用票拟文字，以满、汉文，用红笔批于题本之上，成为皇帝正式批示的奏本，称为红本。

内阁大库档，这次装箱的重要档案有：

红本，1139 箱，乾隆五年至光绪二十四年不曾间断的奏本秘档；

史料书，293 箱，顺治十年至光绪二十九年不曾间断的史料秘籍；

军令、条约，39 箱；敕书、诏令，6 箱；满文档，2548 册；满文老档，575 册。

宫廷册宝一类的国宝秘籍，主要是一个王朝权力象征的宝玺和帝王后妃身份标志的宝册以及各种珍稀的印章。这次南迁装箱之宫廷册宝，主要包括：

皇朝宝玺，25 方，一直收藏于交泰殿。

皇帝后妃玉册，171 册；各式印章，1157 枚；珍贵印匣，20 件。

图像，历来是中国宫廷之中十分稀有之物。在照相术没有发明之前，图像一直是十分珍贵的，珍贵在于它的稀少，因为，除了国家疆域绘成图谱秘籍之外，很少有图像资料存世。能够流传于世间的图像，一是皇室图像，主要是皇帝、太后和皇帝的后妃们的肖像画、生活起居图，以及巡游图、大婚图；二是大臣图像，主要是开国功臣像和有重大影响的勋臣、名臣像；三是舆图，是国家的山川地理、边界疆域。

这次装箱的宫廷图像秘籍，共有 1500 件，包括：

清 乾隆 "古稀天子之宝" "八徵耄念之宝" 玺

清 佚名 康熙朝服像

图像，662 件，主要是皇帝像、后妃像、名臣像、南巡图、大婚图、礼器图等。

舆图，734 幅，主要是皇舆图、边疆图。

地图铜版，104 块。

戏剧活动，在中国宫廷之中，历来是十分繁盛的，特别是宋代以后，大量戏本纷纷问世。清代宫廷之中收藏的戏本，都是皇帝、太后、后妃们喜爱的本子和王朝大典、宫廷节令所需的内府戏本。这次装箱南迁的宫廷戏本，有807 册，包括：昆腔戏本 419 册，乱弹戏本 388 册。

清 康熙 黄河图

乐器，是皇宫中的重要器物，从王朝所有重大典礼，到宫中娱乐，都离不开各种各样的、能奏出美妙声音的乐器。太后、皇帝吃饭的时候，也会有乐工演奏妙曲。乐器是朝廷典礼、祭祀之时演奏庄重雅乐的重要工具，也是后宫欢娱生活的必需品。许多太后、皇帝喜欢乐器和乐器奏出的美妙音乐。因此，乐器成为历代宫廷之中的重要收藏，有些乐器甚至成为国宝的象征。这次南迁，装箱的宫廷乐器，共有 160 箱，包括：镈钟、特磬、编钟、编磬、方响、排箫、管、鼓、琴、笙等。

清 康熙 黑龙江流域图

礼仪之邦的中国，历来注重服饰。尤其是讲究尊卑等级的中国宫廷，服饰是十分严肃的，是一件不容丝毫苟且的事情。服饰包括布料和成衣两大宗，成衣包括衣服和饰品，这些皇帝、太后和后妃们所享用的衣物，都用料考究，做工精致，饰品珍稀华贵。因此，服饰是中国历代宫廷之中最为丰富的物件，也是历代皇家库房收藏中的一大宗。这次装箱南迁，宫廷服饰有200余箱，主要有：冠服、盔甲、仪仗、戏衣等等。

史料类的秘籍，是指皇室家谱类的《玉牒》、皇帝生活纪实的《实录》、皇帝重要训示的《圣训》、宫廷生活记录的《起居注》等，都是秘藏深宫，由皇帝指定的专门人员记录和撰写的皇家秘籍。清历朝皇帝政务活动纪实的《清实录》，有内府精抄本、精刻本等各种珍贵秘本，包括大红绫本、小红绫本、大黄绫本、小黄绫本、满文本、汉文本、蒙文本等多种。

这次装箱南迁之史料秘籍，包括：

《清实录》《清圣训》,507 箱;《清玉牒》,94 箱;《清起居注》,1190 册。

其中，《清实录》包括：乾清宫小红绫本、皇史宬大红绫本、内阁实录库小黄绫本以及大量的满文本、汉文本、蒙文本等。

文献馆基本是按类装箱，箱号既不用分类项的缩写字，也不按英文字母排，而是统一按照"文"字的序号编排，从1号起，顺序排列，共计3773箱。

文献馆装箱精品秘籍，共计3773箱，主要包括：

内阁大库档，1516 箱；实录、圣训，507 箱；宫中档，461 箱；军机档，365 箱；戏衣，200 箱；乐器，160 箱；玉牒，94 箱；刑部档，86 箱；清史馆档，77 箱；起居注档，66 箱；图像，62 箱；册宝，35 箱；内府档，32 箱；盔甲，32 箱；地图铜版，26 箱；仪仗，16 箱；舆图，17 箱；陈列品，9 箱；剧本，5 箱；武器，5 箱；印玺空盒，2 箱等等。

（六）珍玩装箱——秘书处

故宫三大馆挑选精品国宝文物，紧急装箱之际，故宫秘书处也奉命：选取特藏珍玩精品装箱。

按照分工，故宫博物院所藏文物，古物馆、图书馆、文献馆各自提取负责的古物、图书、文献等馆藏文物，所有提取和保管的文物存单，都存放在故宫博物院秘书处；院中三大馆没有提取的、仍然存放在各个宫殿原地的文物，则统一由秘书处负责和保管。

秘书处负责的这些宫廷文物，都是历代宫廷之中的特藏珍品，其中，有许多都是稀世之宝，十分珍贵。秘书处知道所管文物的非凡价值，深知责任重大，奉院方之命后，立即组织专家、学者和所有工作人员，分别到各主要宫殿去提取特藏文物，并将这些珍宝一一装箱，分别编号。

故宫秘书处的装箱国宝，主要是按照宫殿和类别装箱，装箱文物则也是按照两个系列编号：

一是按照类别。"丝"，代表纺织品文物；"缎"，代表缎库文物。

二是按照宫殿。"长"，代表长春宫文物；"康"，代表寿康宫文物。

故宫秘书处的装箱工作，比三大馆的装箱工作要晚些，但是，秘书处是故宫的政务中枢，工作效率较高，装箱的珍宝更多。秘书处的装箱文物，都是各式各样的珍品和珍玩之物，涉及珠宝、玉玩、文具、皮衣、丝绸、家具等各个方面，主要包括文房四宝、皮衣皮帽、绸缎织锦、盆景钟表、玉牒秘档、家具珠宝等等种类，大大小小，林林总总，应有尽有，先后总计 5600 余箱，比古物馆、图书馆两馆装箱珍宝秘籍之和还要多出 1600 余箱！

这些珍玩之中，按照类别装的文物，共计 1292 箱，包括：

牒，皇家玉牒、朝廷档案和乾清宫等处特别秘籍，384 箱；

丝，宫廷衣料库房的丝织衣料、织锦等衣物，369 箱；

内，内廷钟表、盆景之类的古物，293 箱；

缎，宫中缎库、茶库等处物品，74 箱；

武，宫中各种枪炮等武器，64 箱；

木，宫中各式家具器物，41 箱；

皮，宫中各式各样皮衣，41 箱；

永，宫廷精致的珠宝，20 箱；

墨，宫廷各式墨宝，6 箱。

故宫秘书处按照宫殿提取的文物，比例很大，是秘书处装箱文物精品的主体，共计 4180 箱。

秘书处的宫廷秘籍，主要包括：

宁，东部乾隆养老之所的宁寿宫内文物，1281 箱；

皇，景运门外皇极殿、阅是楼等处文物，763 箱；

和，东部宫区颐和轩、养性殿等处文物和大量钟表，540 箱；

养，雍正以后皇帝理政、起居养心殿内珍宝文物，283 箱；

康，太后宫区寿康宫、寿安宫等处文物，208 箱；

寿，永寿宫等处珍玩文物，180 箱；

翊，西六宫翊坤宫、储秀宫等处珍宝文物，162 箱；

如，如意馆等处珍宝文物，153 箱；

园，隆宗门外慈宁花园等各处珍玩文物，93 箱；

慈，慈宁宫等处珍宝文物，87 箱；

雨，雨花阁等处珍宝文物，70 箱；

长，西六宫长春宫、太极殿内珍玩文物，59 箱；

北，北部神武门东北五所等处珍玩文物，49 箱；

重，御花园西部乾隆潜邸重华宫内文物，44 箱；

端，端凝殿、弘德殿、懋勤殿等处文物，44 箱；

漱，御花园西部漱芳斋等各处珍玩文物，41 箱；

遂，东部乾隆喜爱之地遂初堂、三友轩等处文物，34 箱；

性，养性殿、乐寿堂文物，30 箱；

太，午门外皇帝祖庙太庙等处珍宝文物，28 箱；

崇，崇敬殿等处珍玩文物，23 箱；

勤，倦勤斋、符望阁、延趣楼等处文物，8 箱。

太庙

太和门广场

三、国宝迁移

（一）国宝出宫前后

珍贵宫廷文物南迁，最后确定的起运日期是 1933 年 2 月 5 日深夜。在此之前，起运日期多次变更，因为北平人坚决反对国宝文物南迁。最初确定的起运日期是 1933 年 1 月，押运文物的人员正式通知准备启程。故宫博物院负责押运古物国宝的是那志良、杨宗荣、易显谟和吴子石等人。那志良先生回忆说："我们接到这个任命之后，有了不少的麻烦。有时，有人打电话来，指名要找哪个人，然后问，你是不是担任押运古物？接着又说，当心你的命！又有人说，在起运时，他们要在铁轨上放炸弹！家里的人，劝我辞去这个工作，我告诉他们，他们是吓人而已，怕什么？"

押运的人员虽然不怕，但他们心里也没有底，不知道这件事情，是好还是不好。不过，他们觉得，将国宝秘籍南迁，让它们远离战火，也许是一件好事，有利于保存这些珍贵文物。只是让这些从未离开宫廷的国宝突然迁出深宫，任何人都感到心里不是滋味，更何况是懂得国宝文物历史价值的故宫人！

最为关键的是，日本的魔爪伸向了入侵华北的最重要门户锦州，

故宫文物南迁装箱

道路艰难，经常由人推动前行

故宫文物过新店子河

这里是连接北平所在的满洲、热河、河北的交汇点。1932年1月，日本悍然入侵上海，关东军同时进攻热河。3月，日军占领了热河省，并攻下了华北门户的山海关。从热河到北平，直线距离只有短短的50公里，日军可在一天之内直抵北平城下。国民政府毅然决定：国宝秘籍，立即南迁。

那志良先生回想这段历史，感慨万千。他说："外面反对迁运的声浪，一天比一天高。政府虽然百般解说：故宫文物，是国家数千年来的文物结晶，毁掉一件就少一件，国亡有复国之日，文化一亡，就永无法补救！古物留在这里，万一平津作了战场，来不及抢运，我们是不是心痛？尽管你怎么说，没有人听你这一套！政府并没有灰心，仍然积极地筹备起运。1933年2月5日夜间装车，2月6日起运。为什么要夜间装车？第一，那时的谣言太多，倘若真的有人破坏，后果堪虞。夜间，街道上车马已经不多，而且可能用戒严法肃清车辆、行人。第二，车站上夜间没有客车开进开出，容易维持秩序。2月5日中午起，大批板车开始拖进院里来。这板车是当时很受欢迎的货车，用人驾辕，用人推拉，而载运量比马拉的车少不了多少。利用了些时，把车装好，车待启运。天黑了，警察局来了电话，说外面已经戒严了。于是车辆开始移运，一辆接一辆。"

宫廷文物珍品先后分五批离开故宫，武装押上火车南迁。

第一批南迁文物是1933年2月5日装上火车，2月6日起运。

据当时参与南迁工作的人回忆，查阅了当时的有关详细资料，第一批南迁文物，共装了整整两列火车。从北平出发南下，沿平汉线，一路风驰电掣，没有任何阻碍，也没有炸弹爆炸，很顺利地直抵郑州。到郑州后，火车改变路线，沿陇海线向东运行，抵达徐州以后再改津浦线到达浦口。南迁的目的地第一站是这里。

3月中旬，政府方面终于做出决定：古物、图书部分，全部运到上海；文献部分，全部存放南京。各方面立即行动起来。押运文物的故宫人，先将文献馆文献运过长江，送到南京行政院大礼堂收贮妥当——这批文物，后随第四批文物也运到上海。文献安顿好后，接着运古物、图书，在浦口将文物卸下火车，装上招商局的江靖轮。此轮是用作专运文物的轮船，没有任何闲杂人等，由浦口直航上海。

上海存放文物的地点确定在法租界天主堂街，是一座七层楼的大仓库，钢筋水泥建造的大楼，很结实，也很安全。这里是当年仁济医院的旧址，与别的房屋不相连，相对很独立，有利于警卫和消防，谁也不知道这里存放着什么，只看到军人在警戒，以为是处军事要地。

第一批文物顺利入库保存以后，故宫博物院派定专人在南京、上海文物库房专责保管，所有押运文物的故宫人在上海住了几天，便迅速返回北平。

（二）国宝分批南迁

国宝分五批南运。

政府方面，看到第一批文物顺利南迁，决定将所有装箱的精品，陆续起运；与此同时，北平古物陈列所也接到内政部密令：选取文物精品装箱南运。随后，颐和园、国子监也都接到密令选取文物装箱南迁。

故宫博物院有了装箱和南迁的经验，便有责任、有义务多协助上述各文物单位做好选取、装箱和南迁工作。故宫派工作人员前往古物陈列所，帮助他们选取文物精品，细致装箱，运上火车南迁。故宫派人应颐和园方面的邀请，前去鉴定文物，选取精品装箱；然后颐和园委托故宫代为南运这些文物。故宫派两位专家朱家济、吴玉璋负责颐和园的选取、装箱和南迁工作。国子监的石鼓，行家认为是稀世珍品，无论多么困难，也应该装箱南运。故宫博物院古物馆副馆长后升任院

民国文物南迁老照片

长的马衡，就是主张最有力的代表人物。石鼓顺利地被确认装箱，这项工作由故宫博物院专家庄尚严负责，由古玩商店达古斋经手装箱，装得结实又安全。

从第二批南迁文物开始，故宫博物院文物之外，又加入了古物陈列所、颐和园、国子监文物精品。

南迁文物先后分五批运完，从 1933 年 2 月 6 日至 5 月 15 日，历时近 4 个月，共计南迁文物 19557 箱，其中，故宫博物院文物 13491 箱，包括古物馆 2631 箱、图书馆 1415 箱、文献馆 3773 箱、秘书处 5672 箱；附运文物 6066 箱，包括古物陈列所 5415 箱、颐和园 640 箱、国子监 11 箱。

文物太多，法租界的天主教堂七层楼哪里装得下？又在英租界四川路仓库租了一层，专放文献馆文献，就是从南京移运过来的那部分。

这批南迁文物，虽都是精品，但在精品之中还有最为珍贵的。这些最珍贵的宝贝便都集中存放在法租界天主堂库房的第五层。这一层的每一个库门上都装有警铃，一旦遭遇不测，库门一碰，捕房的警铃便会立即鸣叫起来，全副武装的军人会马上赶到。

每一个库门，加固两把锁，钥匙由故宫博物院保管一份，行政院委任中央银行掌管另一份。每次开库，必须由故宫博物院会同中央银行两方面一起开库，否则，就无法入内。

上海搬场公司

（三）上海清点

1932 年 5 月，第五批南迁文物运抵上海。至此，五批共 19557 箱宫廷文物精品如数存放于上海，分贮于法租界和英租界两处。

这五批文物因从装箱到南运一直时间匆匆，根本没有工夫一一登记造册建账，因此，自第四批文物运抵上海以后，故宫博物院的押运员便留下一批，在上海造册建账。

　　五批文物抵沪后，北平和上海同时对库存宫廷文物进行点收。

　　上海方面确定了几条点收原则：

　　一是统一编号。五批到沪的文物，来自不同的单位，即使是同一单位如故宫博物院，也是来自自成体系的不同部门，装箱的编号五花八门，头绪太多。这次把每一馆、处的箱件集中一处，规定一个字来代表，按序编号。马衡接替易培基任故宫博物院院长，统筹上海的点收事宜，马院长确定"沪上寓公"四字分别代表故宫古物馆、图书馆、文献馆、秘书处的存沪文物。

　　二是统一钤盖印章。易培基院长的涉嫌盗宝案对故宫博物院的所有人员震动都很大，大家有了戒心，也就格外谨慎。马院长提议，所有存沪文物中能盖章的如书画、图书、纸片等，都一一

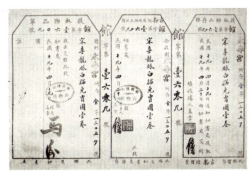

故宫博物院 1930 年"提取物品单"之三联单

故宫博物院"审查卡片之一"（审定用）

故宫博物院"审查卡片之一"（付审用）

钤盖一印作为标记，以示点收。钤什么印？有人建议，刻一方"故宫博物院收藏印"钤盖，但马院长不同意，觉得这仍欠妥当，主张应由其他机构经手印章，经手盖印，负责保管，而不应由故宫博物工作人员保管，故宫人员只负责点收即可。

马院长的话，令故宫人大为吃惊，感到马衡院长真如惊弓之鸟，谁也没想到平静如水、斯文如斯的马院长竟是如履薄冰，更没想到易院长的涉嫌盗宝案对他有如此大的震动和影响。马院长既说话了，谁还驳回去？

讨论的结果是，既然教育部派员监察，就由教育部刻一方"教育部点验之章"，由教育部监委委员保管这方印章。此印长3.8厘米，宽2.6厘米。印刻好后，便按计划行事，开始点收、盖章。

点收开始不久，问题就出来了：这枚印章这么大，遇上小的书画、图书、纸片怎么办？而且存沪文物中这类小的有很多。再交理事会讨论，一致的意见是，再刻一枚小的。小的很快就刻好了，长2.2厘米，宽1.2厘米，印文和印的形状与大的一致。

但是，到点收扇子时，问题又出来了：扇子的扇骨很狭小，即便小的一方印章，也无法钤盖。问题出来了，大家再商议，议出解决的办法，最后的意见是：扇骨上不盖印章，贴一小纸签，签上钤盖监察委员舒光宝的小椭圆形私人印章。

三是审查和登记。南迁文物精品清册上的名称都是依据清室善后委员会当初点查后编印的《点查报告》，这里面有一些从名称、品质到朝代等方面都是不可靠的。故宫博物院与监委会商议，凡是没有经过审查委员会审查和定名并认为有疑义的，就将该物包好，监委会在包外签名盖章、留待日后交审查委员会鉴定，且在点收清册上注明"待审查"。南迁文物清册上只写了文物的品名、件数，太过简单，这次点收过程中——作详细的登录记载，写明名称、质地、色彩、尺寸、款识、完好与破损情况等。

四是补号与印清册。南迁文物的编号，有的转运过程中遗失的，在清册中注明"号待查"。这次点收，一律将缺失的都补齐，三馆一处文物，分别用四个字代替：秘书处"全"，古物馆"材"，图书馆"宏"，文献馆"伟"，四字合为"全材宏伟"。点查完毕后，将点查结果汇在一起，油印成册，取名"存沪文物点收清册"。这个清册十分重要，是以后各个时期清点南迁文物的原始清册，各箱各件都以此为依据。

（四）朝天宫

宫廷文物精品南迁开始前，国民政府就决定了把这批珍贵国宝存放于首都南京。但南迁匆匆，南京没有足够的库房来收存这批国宝，所以出现了第一批文物珍品停放于浦口一个月之久而不知道运往南京还是上海的情况，南京方面因实在挤不出满意的地方，便只好全部转运上海。

20世纪30年代初期的上海，经济很繁荣，人称东方不夜城，但治安也实在令人担忧，而且，上海存放珍宝的库房，非常潮湿，很不利于存贮珍贵文物；加上这里人口稠密，三天两头就有火险，火警的鸣叫令人心惊胆战。因此，存放上海，不过是权宜之计，南京方面的选址、修缮等工作随着文物南迁而紧锣密鼓地展开。

1933年5月，第五批南迁文物国宝运抵上海。7月，故宫博物院理事会召开第一次会议，原则上通过了成立故宫博物院南京分院，并将南迁国宝存放于南京。1934年12月，故宫博物院举行第四次常务理事会议，理事王世杰正式提出议案，将南京朝天宫全部划归故宫博物院，正式成立故宫南京分院，并作为仓库地点将存沪的全部南迁文物存放在这里。经过理事会商议通过，呈送国民政府行政院核准，获得批准。这样，南京存放国宝的库房顺利得到解决，故宫博物院南京分院也顺利宣告成立。

朝天宫地势高旷，占地面积达138亩，宫殿楼阁因山作势，巧夺天工、飞檐翘脊、壮阔宏丽，数公里之外，就能从绿枝掩映的山地中看见这参差起伏的宫殿，非常美丽。

朝天宫，是古代冶城的旧址。三国吴时这里是一处重要的冶铁铸造中心。五代吴王杨溥在这里兴建紫极宫，宋代时改称天庆观，元代改为玄妙观，旋又升为永寿宫。明建都南京，洪武十七年时，太祖朱元璋下令重建此宫，改称朝天宫。宫殿后有一处重要的建筑，称为万岁亭，朝廷的所有大朝贺礼仪，都要在这里先练习入贺仪，确定无误后才允许入大内朝贺。

这里有集惊险与精美于一身的飞霞、飞云、景阳三阁，入此三阁凭栏远眺，京师人文风物尽收眼底。清同治四年，李鸿章任两江总督，想大力推动教育，将这里改建为府学，建成了棂星门、戟门、大成殿两庑，其余的工程因时局紧张而无法进行。曾国藩随后总督江南，继续府学工程的建设，先后建成了崇圣殿、敬一亭、宫墙、泮池、牌坊、府学头门照壁、明伦堂、尊经阁、教授训导二署和名宦乡贤忠义孝悌等祠，成为南京最重要的古迹之一。

1935年4月，故宫博物院理事会决议，推举内政部部长、教育部部长和理事罗家伦、理事李济、故宫博物院院长马衡等组成朝天宫工程委员会，诸人任工程委员会委员，负责工程具体各项进程。这一议案顺利地获得了国民政府的通过。

朝天宫作为当年的府学重地，此时属于教育部管辖。1935年7月，教育部正式将朝天宫移交给故宫博物院。

将府学学堂的朝天宫改建成收存文物珍宝的库房有相当的难度。学堂是学生活动的场所，讲究宽敞明亮，以人为中心，而库房则是国宝收存的场所，讲究隐蔽安全，以物为中心。国民政府将工程款项很顺利地拨下，改建迅速展开，首先是改建库房的工程夜以继日地进行，然后再着力于兴建南京分院的办公室、展览室等。

1936年4月15日，国立北平故宫博物院建筑南京分院保存库房奠基典礼

1936年4月15日，国立北平故宫博物院建筑南京分院保存库房奠基典礼之奠基碑，左为北京大学校长、国民政府大学院院长、中央研究院院长蔡元培，右为故宫博物院院长马衡

占地138亩的朝天宫，改建时分为不同的区域。东部明伦堂背后一带，地势广阔，易于守护，空气的干湿程度适宜，决定将这里改建成国宝库房。西边相对应的一线，地势狭长，没有办法改建库房。中间地带，是清代兴建的府学建筑，从崇圣殿、大成殿、戟门到棂星门，都基本保存完好，这次只作修缮后加以保留，作为故宫南京分院的展览室。

珍藏国宝的库房要求很高。库房一律都是由钢筋水泥建成的，分上中下三层，每一层一个库，各层在前面截出一间相对独立的地方作为办公室，不与库房相通。库房的后面是一座长满绿草的小土山，土山的下面，特地开掘一个山洞，做密实的加固处理，作为一个特藏库，与前面地上一层的一库连通——地洞库房，建在厚实的土山下面，即使遭遇飞机空袭，炸弹也无可奈何，大家便叫这地洞库房为保险库。保险库收藏着最为珍贵的国宝。这里的库房有点像一级军事监狱，也有点像当年关押失宠后妃的冷宫：门窗都紧闭着，除了三层上仅有六七寸见方的小窗之外一律没有窗子，库内的空气流通全靠机器来调节，温湿度都要保持在适宜的范围之内。

朝天宫兴建工程，在 1936 年 3 月动工，8 月份全部完成。

（五）国宝西迁

1. 珍藏南京

朝天宫库房改建完成了，故宫博物院奏请将存在上海的南迁珍宝迁运南京。

1936 年 11 月，国民政府行政院核准将所有存沪文物运往南京。12 月 8 日，各项准备工作就绪后，正式开始转运。

这次从上海运往南京，也是先后分五批。转运的方法是：从上海到南京下关，由火车运输；从下关到朝天宫，改为汽车运输。一路上全由全副武装的军警护卫。

这次运往南京的南迁文物精品，除了先后五批的所有南迁文物之外，还包括 100 箱文物。这 100 箱文物是：故宫博物院精选宫廷精品参加伦敦中国艺术国际展览会的文物 80 铁皮箱，参加艺展会初选入选而复选被淘汰的文物 7 箱，古物陈列所参加伦敦艺展的文物锦囊空盒 2 箱，前故宫博物院院长易培基涉嫌盗宝案法院认为有疑问的文物 11 箱。

1935 年 5 月，文献馆南迁文物中的满文老档 8 箱被运回北平。1936 年 2 月，满文老档 1 箱从北平再次运到上海。这样，文献馆南迁文物少了 7 箱，总数由 3773 变为 3766 箱。从上海运往南京的文物，因为又增加了 100 箱，减去文献馆少了的 7 箱，总数上较之存上海时多出 93 箱，共计 19650 箱。

2. 秘密西迁

日本军国主义对于华北、华东的侵略一直在作积极的准备，人们能清楚地听见其霍霍的磨刀声。1936 年 12 月，故宫博物院南迁文物精品，全部由上海转运到南京朝天宫装有空调的仓库之中；所有南迁文物也全部转送到这里，共有 19650 箱。

时局更加险恶。

战云正向华北、华东地区逼近。

1937 年 7 月 7 日，双眼血红的日本军国主义发动卢沟桥事变，悍然点燃了华北地区的战火。日本军国主义随之在华北展开了疯狂的侵略，攻城略地，杀人放火，华北大地在悲痛中呻吟。

8 月 4 日，十一朝古都北平陷落。

8 月 13 日，日军大举进攻上海。

面对险恶的时局，故宫博物院毅然决定：宫廷珍宝文物，向后方疏散。

国民政府也不谋而合，所有文物珍品，全部向后方疏散。

南迁宫廷珍宝从此踏上了一条颠沛流离之路。事实上，从离开紫禁城那一刻起，南迁文物精品便踏上了充满荆棘的艰难之路。

3. 第一批西迁国宝

从北平南迁时，战火还没有在华北、华东、华中地区点燃，火车在中原腹地行驶还是较为安全。但这一次却不同了，日本侵略者将战火在中原大地上全面点燃，他们仗着空中优势随时深入中原腹地轰炸，南京、武汉等长江重镇均处于危险之中。在这种情形下，文物向后方转移，必须悄悄地作些伪装，并分散转移。

第一批是参加伦敦中国艺术国际展览会的 80 箱文物精品，包括参展的文物和未参展的以及在南京保留未送去的文物，80个大铁皮箱，装得满满的。故宫博物院报请先转移这批精品，行政院也认为很必要，立即同意。

1937年8月14日，即日本侵略者进攻上海的第二天，第一批文物悄悄由南京装上专用舱船，溯长江而上，在武汉汉口换装舢板，渡到长江对岸的武昌，然后换上火车，由武昌运到湖南长沙岳麓山，存入湖南大学图书馆。

按最初的计划，在湖南大学的后山中，挖一条很深的山洞，收藏这批珍贵文物。然而，局势日甚一日地恶化，战火由上海到南京到武汉到长沙，越燃越近，连长沙火车站都被轰炸。看来长沙也非久留之地。因此，这第一批文物，只好决定再次转移，迅速转移。

果然，不出所料，没过多久，日寇的飞机一次次飞临长沙上空，炸弹像雨点一般地投向重要目标。一座座房屋倒塌了，一片火海，到处是尸体。

湖南大学图书馆被完全炸毁，熊熊大火之后，一片灰烬之中只隐约看见破碎的瓦砾和残垣断壁。

湖南大学后山本拟挖掘山洞的地方聚集了成千上万避难的人。日军也把这里视为重点目标，机关枪反复扫射，雨点般的子弹夺去了无数人的生命。

不幸中的万幸是，第一批文物精品已先几天转移，离开了湖南大学图书馆。

押运第一批文物的故宫人真是功臣，他们是庄尚严、曾湛瑶、那志良，另有曾济时先生一路打前站，先行一步安排和布置。庄尚严先生是伦敦中国艺展的中文秘书，一直负责这批参展文物。这次押运第一批文物向后方转移，庄尚严先生深感责任重大；同时，顾念妻儿的庄先生带着家眷同行，原打算就停驻于长沙。长沙火车站一炸，庄先生知道，这里不能久留，政府方面也认为文物必须立即转移。

从湖南长沙到贵州贵阳，是从平原间杂丘陵的地方进入云贵高原，一路上山势日渐陡峭，地形越发复杂。最关键的是，这一带各色人等杂居，土匪出没山中，危机四伏。行政院也认识到湘西一带地方不靖，唯恐途中发生什么意外，再三指示：必须绕道广西桂林，由桂林到贵阳。

当时，广西的情形也十分复杂。统掌广西军政大权的军阀并不与国民政府合作，虽然表面上敷衍，但实则同床异梦，一直作自己的打算。国民政府对此也不得不有所准备。好在是一方军阀，不像一般土匪，打劫以后无处寻找，军阀也不敢做得太过分。国民政府为安全起见，决定分三段由湖南进入贵阳。

1938年冬天，经过多方寻找，终于在贵州安顺距贵阳200余里的一座山中发现了一个天然山洞，人称华严洞。山洞很秀雅，洞深壁厚，位于安顺市南门外的读书山山麓，最为可喜的是山洞奇大。大家喜出望外，立即组织工匠在山洞里建房，辟为文物珍宝库房。这里不但安全，任何炸弹都无可奈何，而且还避免了文物最害怕的潮湿。这真是这批颠沛流离的国宝的理想寄身之所。

1938年11月，这第一批文物80箱国宝全部迁进华严洞，并正式成立故宫博物院安顺办事处。故宫博物院随后又派朱家济、李光第、郑世文等人到这里工作，看护这批国宝。

从南京到贵州安顺，艰辛辗转了足有6000余里！

4. 第二批西迁国宝

第二批文物精品，共计2084箱，从南京装上船，逆长江而上，运到武汉汉口，先暂时存放在租界的仓库里。马衡院长也另坐火车亲临汉口，具体视察和料理存放第二批文物事宜。

故宫博物院南京分院地下仓库中，还存放有17000余箱南迁文物。

　　水路方面是用轮船运载文物，以汉口为目的地。陆路方面是以车辆为运送工具，以陕西为目的地。

　　水路方面很快抢运了共7000余箱文物，分装两只大船，分别由牛德明、李光第每人各押一船逆长江南行，驶往上海。

　　1937年11月20日起航逆行，历时近20天，到1937年12月8日，到达汉口。到达汉口以后，清点文物，共有9369箱，而绝大多数是非故宫的文物，就是说故宫博物院的宫廷文物只占一小半：故宫文物4055箱，其他机构的文物是5314箱。故宫文物包括：古物馆687箱、图书馆1158箱、文献馆1082箱、秘书处1128箱。其他机构文物包括：古物陈列所4732箱、颐和园572箱。

　　这批水路文物9369箱到达汉口后，全部存放于洋行仓库之中。

　　1939年9月19日，这批文物，共9369箱，一件不少全部安全地运抵乐山安谷乡，存放于七间祠中。从南京到安谷乡，历时近两年，行程约5000里。文物运到了，大家松了一口气。休息休息，翻翻报纸，发现了1939年5月3日、4日两天重庆被炸的真实报道，有4400余人被炸死，3100多人受伤，大量的房屋被炸毁和烧毁。众人对日本侵略者恨之入骨，一个个咬牙切齿，同时，众人又庆幸没有辜负人们的重托，这近万箱国宝全部安全地离开了重庆，离开了城市，转运到偏僻的山洞，真是万幸。

5. 第三批西迁国宝

　　第三批向后方疏散的文物是由陆路经陕西转运四川的一批，这一路上充满了艰辛和磨难，是最为艰苦的一条转运线。

　　南京抢运时，陆路方面是通过火车装运。当时，从朝天宫库房运出时，通过船走水路的都是些较为轻的木箱，尽可能将轻的、小的、少的走水路；重的、大的、多的尽可能地往火车站送，这其中就包括从国子监南迁来的石鼓，一个就有一吨以上。

当初在南京抢运时，工作十分艰辛，人手奇缺。故宫博物院留在南京的职员很少，中英文教基金董事会派来协助工作的也只三四人，所幸的是故宫博物院印刷厂的工人有八位自动要求留下来照看文物，协助搬运工作。这样，他们就承担了从朝天宫库房到火车站、码头的文物搬运过程中的押运工作，真的帮助不小。

长安（今西安）地理位置十分重要，一直是历史上兵家必争之地：它的北、西、南三面环山，高山险峻，易守难攻；它又是通往甘肃、四川的交通要冲。

这次的陆路运输工具主要是货运列车。确定的线路是从南京北上到徐州，再在徐州转而向西过开封、长安到宝鸡。

国宝专列一进入徐州站，众人开始有些紧张。果然，火车刚刚补充上水，加足煤炭，十架日军飞机就明目张胆地朝徐州飞来，直扑徐州火车站，那架势真是大摇大摆，横行霸道，无所顾忌。经过伪装的国宝专列急速从火车站开出，没过多久，敌机轰炸了火车站，巨大的爆炸声震耳欲聋，车站化作一片火海。押车的故宫员工听着这巨大的爆炸声和噼噼啪啪的燃烧声，吓出一身冷汗，心想，真是分秒之差啊！

国宝专列沿陇海线西行，一路上没再遇到敌机追杀，但一进入郑州火车站，又一次遭遇空袭。这次真的又是神佑，国宝专列当时进站后停在车站，专列司机离开了火车驾驶室，空袭突然而至，仿佛是刚响完空袭警报日军的机群便飞临到了郑州上空，在火车站投下了大量炸弹，车站周围顿时一片火海。当司机慌慌张张赶回国宝专列时，被眼前的景象惊呆了：火车站停靠的几乎所有列车都被炸弹击中，正燃起熊熊大火，唯独这辆国宝专列，没有一丝火星，没冒一缕黑烟，静静地停在那里，安然无恙。军警和职员们立即动手，间不容发、刻不容缓地移动专列，让它离开火海。

历时将近一年的时间，存放在汉中的文物于 1939 年 3 月全部运抵成都。

这时，行政院特急命令到了，于 1939 年 5 月底以前，全部存放成都的文物运离成都，转送到更为安全的峨眉。

（六）国宝有灵

1939 年上半年，运输文物艰辛备至，马不停蹄。川陕这一带的文物转运，分成三批，分段运送，显然战线拉得太长了。从陕西褒城算起，南到四川峨眉，绵延 1400 余里，长途跋涉，箱箱文物都是国宝，令人担忧。

那志良当时是驻蓉办事处主任，这个办事处管辖着褒城、汉中、广元、成都、彭山、峨眉等处的有关事务。牵挂国宝安危的那志良就实行责任分工制，每处一位职员负责，全权管理一切事务：褒城是梁廷炜，广元是曾湛瑶，成都是吴玉璋，汉中是薛希伦，彭山是郑世文，峨眉是牛德明。另派 5 人吴凤培、刘承琮、马惠琛、牛德善、华布鹤负责押运。

1939 年 6 月，成都存放的由陕西送来的陆路文物运到彭山；7 月 11 日，全部运抵峨眉，分别存放在县城东门外的大佛寺和西门外的武庙两处，并在这里成立了故宫博物院峨眉办事处。

古物运输期间，一位押运员刘承琮，在路边休息的时候，被别的车子撞下山坡，摔伤右手，以后送到医院诊治，右手食指被割去了，成为终身残疾。翻车的事，也时有所闻，不过都是回程空车，因为车上没有文物，司机就不免大意了。

那志良先生回忆这段经历时说：

我自己也有过翻车的经验。一次是走到宁羌，天已黑了，遇到大雨，司机急于赶路，车行较速，不想道路甚滑，便翻到稻田里去了。人未受伤，弄得满身是泥！还有一次是陪着徐副院长鸿宝乘回程车去视察川陕运输，车正由一个大坡向下开，一个老太婆穿行公路，车甚速，无法停车，司机把方向盘向右边一拐，开向田里去，车子幸未翻倒，而一大片农作物被损坏了。我们正为老太婆庆幸，也为自己庆幸的时候，老太婆过来，把我们大骂一顿，叫我们赔偿她的农作物，她还不知道我们救了她一条命呢！

装运文物的车辆也曾翻过一次车。有一次，绵阳附近的一条河正在修桥，新绥公司的汽车有一辆装了满车文物箱经过这个桥，不慎翻到河里去。押运员打电报来报告，我正在成都，便赶到现场一看，所有这一车箱子，不是"上"字，便是"寓"字，是书籍、档案之属。而在翻车之时，正值冬天，河中无水，天下真有这种巧事！难道说真是古物有灵吗？

川陕运输，也和其他两路（运输）一样，时常受到空袭的威胁。文物运出汉中不久，汉中便受到轰炸，贮存文物的仓库也中了弹。那时，梁廷炜先生还在汉中，听到了警报，他打算到城外躲到菜籽地里去，不想还未出城，敌机已经临空，只好躲到一个小桥下面。警报过后，他才知道菜籽地里死伤累累，因为敌机来时，不知由机上投下了什么东西，大家以为是炸弹，纷纷逃走，敌机低飞扫射，所以死伤多人。成都也是如此，第一次被轰炸时，文物刚刚运完不久，我还留在成都处理各地运输的事。警报来时，我与押运员刘承琮躲到大慈寺的防空洞去（所谓防空洞，仅是在地上掘一个坑，上面盖些树枝）。等空袭过后，走出防空洞，看到西面已是一片火海了。这次大慈寺虽未被炸，如果文物未运完，也是相当担心的事。

这次陆路国宝的运输疏散，真是历尽艰险，顺利地渡过了一次又一次难关，飞机轰炸、窑洞崩塌、桥梁冲毁、洪水袭击、雪崩和翻车，无论哪一件，对于文物珍宝和人员而言，都是致命的，然而一次次都

民国文物南迁旧址

化险为夷。所以，故宫参与转运的职工，多次感叹：天神帮助，真是古物有灵啊！

1939 年 7 月，陆路国宝 7286 箱，一箱不少、一件未损的全部运到峨眉大佛寺和武庙。这时离开南京，已将近两年了。仅从宝鸡开始，用卡车运输，历汉中、成都、峨眉，一路上山路崎岖，翻山越岭，走川过河，颠簸运行就达约 18 个月。

从南京到峨眉，迂回曲折全线行程约 5000 里。

这批陆路国宝 7286 箱，包括故宫博物院文物 6664 箱——古物馆 1730 箱，图书馆 252 箱，文献馆 956 箱，秘书处 3721 箱，其他 5 箱；其他各机构文物 622 箱——古物陈列所 571 箱，颐和园 40 箱，国子监 11 箱。

（七）国宝文物南迁图

北平至南京：

① 1933 年 2 月 6 日—5 月 15 日北平至上海南迁文物 19557 箱

其中故宫宫廷文物 13491 箱

② 1936 年 12 月 8 日—1937 年 1 月上海至南京

南迁文物总计 19650 箱

其中故宫文物 13582 箱

民国时期故宫文物南迁路线图

国宝文物疏散路线：

南京至贵州、四川：

①南京至安顺 3000 公里 80 箱国宝

1937 年 8 月 14 日—1938 年 11 月

②南京至乐山 2500 公里 9369 箱国宝

1937 年 11 月 20 日—1939 年 9 月 19 日

③南京至峨眉 2400 公里 7821 箱国宝

1937 年 11 月 20 日—1939 年 7 月 11 日

（八）三办事处

抗战时期对于故宫博物院来说真是非常时期，一切都是那么严酷和不可思议。

转眼之间，曾令多少人心醉神迷的紫禁城随着北平的陷落也落入了日伪之手。故宫博物院被接管，机构、官员和职员基本保留，仅更换了少数员工；由总务处张廷济主持事务。

北平所在的故宫博物院进入了守成时期，这一守就是八年。

流落宫外的南迁宫廷珍宝，经辗转搬迁，于 1939 年 9 月全部疏散到最后方，分别存放于贵州安顺和四川乐山、峨眉三处。

故宫博物院固有的组织法失去了效用，旧有机构、体制不复存在，一切改为战时临时体制。院长马衡驻守重庆，在临时首都办公；故宫博物院总办事处也随院长设在重庆，由战前的庶务科励乃骥升任总务主任；另在存放南迁文物的安顺、乐山、峨眉三处分别设立办事处，合称三办事处。

三办事处由向后方疏散时指定的各路负责人任各处主任。三办事处成立之初，职员如下：贵州安顺办事处，主任庄尚严，员工朱家济、李光第、郑世文；四川乐山办事处，主任欧阳道达，员工刘官谔、梁廷炜、欧阳南华、曾湛瑶、牛德明、张德恒、李鸿文；四川峨眉办事处，主任那志良，员工吴玉璋、薛希伦。

南迁文物，运到南京时，总计 19650 箱。

三批向后方疏散，共运出 16000 余箱，尚有近 3000 箱文物陷落在南京。

那志良先生这样写道：

迁到后方的文物中，安顺办事处所保管的 80 箱，是由南迁箱件中选提的精品，不在南迁箱数之内。存在峨眉办事处的箱件中，所列"其他" 5 箱，也是在南京时为了编目照相等工作临时由原箱提出，暂为另箱储存，仓促起运，不及归回原箱的，也不在南迁箱数之内。所以，疏散到后方去的箱数，实际是南迁箱件中的 16650 箱，其余 2900 余箱便是陷落在南京的了。

此 2900 余箱中，故宫博物院本身文物有 2770 箱，约占南迁总数的 1/5，其他机关文物，存在故宫库房里，经故宫博物院代为运出后其陷京者，古物陈列所仅 112 箱，约占南迁总数 1/48；颐和园仅 18 箱，约占其南迁总数的 1/35；国子监的文物，则全部运出了。此外，安徽图书馆存在库里的 28 箱，及中央图书馆存在库里的善本书 2 箱，也代为运出，分别在渝、蓉两地移交原机关接收。

这次抢运，故宫博物院职员不分畛域的精神，深得各界人士之赞许。

故宫南迁、疏散和陷京国宝：

故宫博物院→南迁文物编号箱数：沪 2631 箱，上 1415 箱，寓 3766 箱，公 5672 箱→南迁合 13484 箱→疏散至办事处乐山 4055 箱：沪 687 箱，上 1158 箱，寓 1082 箱，公 1128 箱；峨眉 6695 箱：沪 730 箱，上 252 箱，寓 956 箱，公 3721 箱→陷落南京文物 2770 箱：沪 214 箱，上 5 箱，寓 1728 箱，公 823 箱。

其他机关：古物陈列所，"所"字编号，南迁时 5415 箱，疏散至乐山 4732 箱，疏散至峨眉 571 箱，陷落南京 112 箱；颐和园，"颐"字编号，南迁时 640 箱，疏散到乐山 582 箱，疏散到峨眉 40 箱，陷落南京的有 18 箱；国子监，"国"字编号，南迁时 11 箱，全部迁至峨眉办事处。

综上所述，故宫博物院南迁文物是 13484 箱，古物陈列所是 5415 箱，颐和园是 640 箱，国子监是 11 箱，合计 19550 箱；向后方疏散，故宫博物院疏散至乐山是 4055 箱，疏散到峨眉是 6659 箱，加上古物陈列所、颐和园、国子监疏散至乐山、峨眉的文物，合计为 16650 箱；故宫博物院陷落南京的是 2770 箱，加上古物陈列所 112 箱，颐和园 18 箱，合计 2900 箱。

三办事处所存国宝，主要包括：

安顺：参加伦敦国际艺展的文物 80 箱；

乐山：故宫博物院 4055 箱，古物陈列所 4730 箱，颐和园 582 箱，合计 9369 箱；

峨眉：故宫博物院 6659 箱，古物陈列所 571 箱，颐和园 40 箱，国子监 11 箱，合计 7281 箱。

贵阳向南 260 里就是独山，而向西仅 200 里便是存放 80 箱国宝的安顺。贵阳、独山、安顺呈三角互犄之势；从安顺到临时首都重庆，必须经过贵阳；独山陷落，贵阳危在旦夕；贵阳一旦陷入敌手，安顺至首都重庆的联系被切断，后果不堪设想。

故宫博物院鉴于形势危急，其总办事处奉命立即与军事委员会接洽，由军界派汽车从重庆出发，抢运安顺文物入川。军方立即派车。故宫博物院马上电告安顺办事处，做好文物转移的准备。军车开到后，仅用了三个小时便将存放安顺的所有文物全部装上车，还包括办事处的公私物品，一行车队迅速离开了安顺。车过贵阳，也不停留，直接渡过乌江入川。驶抵遵义之后，众人才松了一口气；车队一入川，大家才彻底放下了心。重庆的故宫博物院总办事处已经在重庆郊外的四川巴县石油沟找到一处收存文物的好地方：飞仙岩。正如其名，这里风景优美，正是仙人会聚之所。

安顺办事处撤销，成立巴县办事处。

乐山办事处最初是 7 个库房：宋氏祠堂、三氏祠堂、赵氏祠堂、易氏祠堂、陈氏祠堂、梁氏祠堂、古佛寺。1942 年春，将古佛寺库房撤销，文物并入其他库房。

峨眉办事处原有两处库房：一是峨眉县城东门外大佛寺，一是西门外武庙，都与县城很近。1942 年春，行政院命令再度疏散，在县城南门外约 8 里的山脚下选用了一处土主祠——这是峨眉山金顶的脚庙，据说，峨眉山上的大和尚，夏天时在山上避暑，招待四方香客，冬天就到山脚下的脚庙来念经打坐、修持功课，实际上是避寒（如同一个是夏宫，一个是冬宫）。和尚答应为国分忧，让出一个脚庙，用于存放国宝。另又找了一个许氏祠堂，两处东门、西门外的重要文物，就迁到了脚庙和许氏祠堂存放，而一些稍次要些的文物，依旧放在西门外武庙。东门外的大佛寺就还给了和尚。

（九）伦敦国际艺展

1. 故宫国宝参加伦敦国际艺展

在英国伦敦，举行过法国、德国、意大利、比利时等多次国际艺术展览会，每次都十分成功。

几位酷爱中国艺术品的人士认为，如果在伦敦举行一次中国艺展，一定是一件轰动世界的盛事，让世人一睹数千年文明古国中国的艺术品的风采，一定会让世人叹为观止。

他们计划的这个中国艺展，全称是"伦敦中国艺术国际展览会"。时间定在 1935 年冬至 1936 年春，展览地点确定在英国伦敦皇家艺术学院。展览的内容是将世界各国博物院所收藏的中国艺术珍品和各国各地收藏家所收藏中国艺术精品尽量全面搜罗、征集，集中搞一次大型中国艺展。

故宫博物院理事会接到国民政府的指示后，开会专门讨论此事，基本上肯定了这项活动，认为很有必要选取宫廷艺术珍品参展！

故宫博物院理事会随之确定了五项原则：一是这次参加国际艺展十分重要，是一次国际宣传的大好机会，选取艺术精品参加，势在必行；二是出于文物安全的考虑，也为了消除所有人的担忧，与英国方面接洽，由英国海军军舰负责载运、护送；三是由故宫博物院选派经验丰富的专家学者和职员选取艺术精品，自行装箱并全程负责装运、护送、展览陈列和归国工作；四是选取的艺

参加伦敦国际艺术展，在英国皇家艺术学院。工作人员合影，后排左起：傅振伦、牛德明、那志良、庄尚严

参加伦敦国际艺术展，中国文物箱件装上萨福克号军舰，中英人员与舰长合影：左四马衡，左五特派员郑天锡；右二庄尚严，右四唐惜芬

术精品在出国之前全部先在上海这个国际大都市展览一次，大造声势，展览结束回国后再在南京展览一次，以取信于国民，也让国人一睹精品风采；五是立即成立筹备委员会，全面负责这项工作，并由教育部主持其事。

中国驻英大使郭泰祺将中国政府的意见告知举办者，举办者喜出望外，立即确定此次展出，以宫廷艺术精品为主，组织机构也相应全面变更，由中英两国政府联合监督举办，两国元首为伦敦中国艺术国际展览会筹委会监理，两国最高行政长官为名誉会长，两国朝野知名

参加伦敦国际艺术展，在英国皇家艺术学院，中国文物开箱点验，特派员郑天锡检查古铜祭盘

参加伦敦国际艺术展，在英国皇家艺术学院，中国文物开箱点验，此为中英双方工作人员，从左至右：庄尚严、特派员郑天锡、大维德爵士、陈维诚参事、英国海关关员、王景春博士、傅振伦

参加伦敦国际艺术展的中国文物，中为乾隆珐琅彩月季双安高足杯，左右为明嘉靖官窑回青小碗

学者、名流和驻英各国外交使节为名誉委员，由中英双方公推李顿爵士任理事会理事长，副理事长、理事中英双方各占一半。

1934年10月，伦敦中国艺术国际展览会中国筹备委员会正式成立。

2. 参展艺术珍品

中国筹备委员会成立以后，立即展开工作，并确立了六条工作方针：

一是参展单位以故宫博物院为主，其他博物馆、院也可选精品参加，私人收藏家也可报名参展；二是参展艺术品包括书画、瓷器、玉器、铜器、古书、珐琅、织绣、剔红、家具等诸门类。参展单位先初选本单位所藏艺术精品，再由筹委会聘请专家成立审查委员会进行复选，最后再由英方派来的鉴定人员共同商定后确定参选展品；三是所有选定的文物精品，要逐件摄影，洗印照片每件3份，1份送行政院备案，1份由出品单位或个人收存备查，1份随文物出国备查；四是选定的精品，都细加整理造册，书画等有破损的要加以修补，器物等缺坐垫的一律配齐坐垫；五是所有参选精品，一律做统一的囊匣存贮，以避免伤残磨损，囊匣用厚纸板做成，匣内按所存文物的造型、尺寸等做成软囊，外面再罩上一块黄绸。文物严丝合缝地放在匣内，柔软、有弹性，但又无法移动。所有匣外再用故宫博物院所藏宫中所用织金缎子作面，显得古朴典雅，雍容华贵；所有参展艺术精品出国之前，于1935年4月，先在上海展览，地点定在上海外滩中国银行。

故宫博物院对于参加这次伦敦中国艺术国际展览会十分重视，从1934年10月便开始筹备运作这项工作。当时，

参加英国伦敦国际艺术展的中国文物，元钱选《荷塘早秋图》

参加英国伦敦国际艺术展的中国文物，周礼器

参加英国伦敦国际艺术展的中国文物，唐镜

参加英国伦敦国际艺术展的中国文物，易州唐三彩陶罗汉像

参加英国伦敦国际艺术展的中国文物，隋开皇年间弥陀佛造像

参加英国伦敦国际艺术展的中国文物，宋马贲《百雁图》卷

参加英国伦敦国际艺术展的中国文物，天龙山唐代造像

点收工作正在上海、北平紧张地展开。由于这项工作更为重要，便一切优先，从北平调出大批专家、学者和职员参加这项工作，积极选取精品，细加审查和鉴定，送交审查委员会复审。

1935年春天，英方鉴定人员来到中国，与中方代表几度复选、商洽，最后确定了参展艺术珍品共计1022件。其中，故宫博物院所藏宫廷文物精品最丰富，共计735件，其余依次为中央研究院113件、私人收藏家张乃骥65件、北平图书馆50件、古物陈列所47件、河南省博物馆8件、安徽图书馆4件。

故宫博物院选送参展的735件精品较为全面，几乎包含了古代工艺、艺术品的各个方面，包括书画170件、瓷器352件、玉器60件、铜器60件、珐琅16件、织绣28件、剔红5件、折扇20件、杂件5件。其余各参展单位和个人则突出所藏中最有特色的某个或某些方面。如北平图书馆，选送50册珍本古书；张乃骥，选送玉器珍品65件；中央研究院，选送考古器物113件；河南博物馆和安徽图书馆，分别选送铜器8件、4件；古物陈列所相对而言要全面一点，选送铜器36件、书画5件、玉器2件、织绣1件、杂物3件。

参加英国伦敦国际艺术展的中国文物，清永瑢《山水》

参加英国伦敦国际艺术展的中国文物，清张宗苍《仿黄公望山水》

3. 四个月成功的展览引起轰动

参加伦敦中国艺术国际展览会的艺术珍品在规定的时间内先后运到伦敦。

1935 年 9 月，开始逐一审查，鉴定所有参展艺术品，确定名称、时代、质地、品质等项，写出简要的说明，汇总之后编成展品目录。

因为参展艺术品太多、太杂，经过反复商议，决定选出 3080 件艺术品参展，中国方面送展的艺术品占三分之一强，共 786 项，857 件；故宫所送选的展品基本上全部入选，被剔出的中国送选展品是瓷器 1 件、织绣 6 件、书画 19 件、张乃骥玉器 19 件、北平图书馆古书 27 件、考古器物 93 件，共 165 件。

展览会从 1935 年 11 月 28 日开幕，至 1936 年 3 月 7 日结束，历时近 4 个月的时间。伦敦各大报刊媒体作了大量的专门报道，观众十分踊跃，车水马龙，引起极大的轰动。人们惊叹中国艺术品的古雅精美，出乎意料。

四、国宝运往台湾

（一）重庆向家坡

日本战败投降后，国民政府再次接管故宫博物院。

这次接管的北平故宫博物院，范围比以前扩大了。以前所辖的地域是：北至景山，南到紫禁城北半部的最南端乾清门，而乾清门广场以南的紫禁城外朝部分，包括三大殿及其东西配殿，廊庑和外围的武英殿、文华殿、文渊阁，归内政部所属的古物陈列所，午门归历史博物馆。现在，接管以后，紫禁城全部，以及所属的天安门以内的端门、午门、大高殿、景山、太庙、皇史宬、清堂子等，全归故宫博物院；而古物陈列所存放在北平的文物，也全部由故宫博物院接管。

北平故宫博物院的职员，90％都是抗战前的旧人，接收工作只是办个手续就成了；相对来说，古物陈列所存放在北平的文物接收起来要相对繁杂一些。因为，这批文物数量不少。

1947 年秋天开始，北平故宫博物院组织人员，分 6 个组，点收古物陈列所存放在北平的文物；到这年 11 月，又增加一个组，至 12 月 22 日，全部点收完毕。

南京光复后，朝天宫文物库房也由故宫博物院接收。朝天宫的库房，抗战时被日军用作伤兵医院，库房四周开了许多窗子；地下的保险库也被破坏，整天漏雨滴水，无法使用，而陷京的文物则全部迁往北极阁中央研究院。

故宫博物院接收南京朝天宫后，将库房一一恢复原状，然后把存放在北极阁的陷京文物全部运回，仔细点查、接收，所幸没有什么损失。

北宋 郭熙 早春图

1945年抗战胜利后，政府各机关争先恐后地从临时首都重庆迁回首都南京。

1945年冬，重庆有许多空房。以安全为第一的故宫博物院从容不迫地着手文物集中工作，打算将三处存放的文物，集中于重庆。放在重庆什么地方最合适？经反复考察，与经济部一再协商，将重庆南岸海棠溪向家坡原贸易委员会的办公室及宿舍移交给故宫博物院作为库房。

1946 年 1 月，巴县办事处主任庄尚严及众职员就在此负责接收房屋、修理库房和点收文物。

故宫博物院派那志良为总队长，负责将乐山、峨眉两处文物，集中于重庆向家坡。

1947 年 3 月 6 日，乐山 9000 余箱文物全部运抵重庆向家坡。

四川人都知道国宝存放在四川，好几年了，一直无缘见一面。现在，听说国宝要离川，纷纷要求办一次展览，让大家开开眼，看看宫里收藏的宝贝。故宫博物院满足四川人的要求，在 1946 年 11 月，举行了一次宫廷书画展，选取了 100 件精品参展。

（二）疯狂的白蚂蚁

白蚂蚁似乎是这天府之省的特产，走到哪里都能见到它，躲也躲不掉。

三处的文物集中到了重庆南岸海棠溪向家坡后，原来的巴县、乐山、峨眉三办事处撤销，改成三个组，管理相应的这三处文物：山脚下，编为甲组，由巴县办事处庄尚严主任改任甲组主任；山腰一带库房编为乙组，原乐山办事处主任欧阳道达改任乙组主任；近山顶的一带库房编成丙组，由原峨眉办事处主任那志良任丙组主任。

文物集中重庆之后，只等雨季到来，长江水涨，便可以顺流而下，返回南京。

这期间有半年的时间，本可以好好休息，从容地观赏一番天府美景。然而，白蚂蚁大闹海棠溪，本该闲暇的故宫博物院职工便忙得不可开交，看什么天府美景，看天府的宝贝白蚂蚁就够了。

海棠溪一带，有许多的坟墓。天长日久，坟墓越来越多，连成了一片又一片。四川湿润的气候和松软肥沃的土地，本来就是白蚂蚁生存的天堂，这海棠溪一带的坟墓区，更是白蚂蚁的乐土，白蚂蚁成千上万，无处不在。

对于文物而言，白蚂蚁是十分危险的天敌。它们能从箱架底部轻易地穿洞进入箱子，一旦入箱，用不了两天，箱里的书画、档案、古书、织物之类便全都变成了它们的美餐。

一箱箱文物，都用木架支着。白蚂蚁一旦侵入木架，神不知鬼不觉地吃空架子，文物箱会突然从架子上倒下来，这是十分危险的。

在重庆，防蚁成为唯一的工作，此外便是筹备文物还都的运输事宜了。

（三）再回朝天宫

国宝 1937 年 8 月离开南京，10 年后的 1947 年 5 月，又陆续回到南京，历尽了千辛万苦。

从重庆回到南京，走水路是最佳的选择，雨季水涨之时，顺流而下，日行数百里，又方便，又快捷，还很安全。

从向家坡库房到海棠溪这一段陆路，由川湘公路局用汽车装运；从重庆至南京的水路，由民生轮船公司用轮船载运。国子监的 11 箱文物，其中 10 箱是石鼓，1 箱是石鼓文音训碑，每箱约有 1 吨重，分量太沉，怕装船走水路发生危险，改用汽车走陆路，从重庆直达南京。陆路载运国子监石鼓，是十分艰辛的工作，真正是一次艰苦的长途跋涉。计划的路线是循川湘公路，经过长沙、南昌直达南京。川湘公路局派 10 辆汽车负责这次长途载运。那志良没有走过这条公路线，自告奋勇，既是押运，也想趁此机会作一次长途旅行，见识一下沿途的人物和风光；而吴玉璋、张德恒两位也有此意。英雄所见略同，三人便一同担任押运石鼓的工作。实际上他们是捡最艰苦的工作去做，故意释然地称之为长途旅行。

（四）南京清点

北平故宫博物院，在抗战胜利以后，完成了交接工作，基本上都是原班人马，自己移交给自己，办个手续而已，表明国民政府的正式接管。

国宝从重庆迁回首都南京以后，南京故宫博物院分院的各项工作渐渐恢复和展开。

人事方面，三大馆馆长、总务处处长都恢复了战前的状况，只有文献馆馆长沈兼士已于1947年病故，改聘姚从吾继任文献馆馆长。而科级职员则有所变动，进行了重新任命：赵儒珍、朱家濂任秘书，庄尚严、那志良、曾广龄任古物馆科长，李益华任图书馆科长，欧阳道达、张德泽、单士魁任文献馆科长，黄念劬、励乃骥、常惠、黄鹏霄、王孝缉任总务处科长，唐祯任会计室主任。

从重庆回到南京的文物，一直没有脱手过，基本上完好无损，可以放心。而最紧迫的则是当时日寇入侵时陷落在南京的这部分文物，要立即进行清点。

陷落在南京的这批南迁文物，都曾造过清册，呈报政府备案。这批国宝，被日本人接管后，全数搬到北极阁，并有人作了初步整理。抗战胜利后，故宫博物院立即派人接收了这批国宝，及时将它们运回朝天宫。这时，根据政府备存的陷京文物清册，一一清点，结果是，仅有少数的错误之外，全部完好无损。

收购文物方面，主要是书籍、字画、瓷器、铜器等等，有代表性的人物，便是郭葆昌、杨宁史。

郭葆昌曾是故宫博物院的瓷器、书画审查委员，是当时很有名的收藏家和瓷器鉴定专家，家里收藏有不少书画、瓷器方面的极品。清乾隆皇帝当年醉心的三希堂帖，除王右军《快雪时晴帖》存于故宫博物院，另两帖，王珣《伯远帖》、王子敬《中秋帖》，都是价值连城的极品墨宝，均存于郭葆昌的私人库中。郭葆昌知道，他所收藏的这些国宝，都是国家的财产，应送交国家，早就有意将自己的收藏捐给故宫博物院，为此，郭葆昌写下了遗嘱，并让其儿子一定照遗嘱办。

1937年，郭葆昌将自己的这个决定，郑重地告知故宫博物院马衡院长和古物馆馆长徐鸿宝以及古物馆科长庄尚严三人。不久，郭葆昌去世，他的儿子看了遗嘱，严格遵守父亲的吩咐，将所藏瓷器的绝大部分捐献给故宫博物院。故宫博物院郑重地接受了这批私人捐赠，政府方面还酬谢了郭家一笔钱。

杨宁史是德国人，一生喜好收藏铜器，有许多都是极品，古色古香，包括商、周时期的旧物，倍极珍贵，他在抗战胜利后，便慷慨地将自己所藏的铜器，捐给了故宫博物院。故宫博物院还特辟一处展室展览这批古物。

当年随溥仪流散到东北的，有许多宫廷书画、古籍、古物，每一件都是精品中的精品，故宫博物院一直在努力收购这批宫中旧物。经过多年努力，虽然收效不明显，但所幸还是收回了一些珍品，其中最珍贵的有：龙鳞装王仁昫书《切韵》卷；邓文原章草真迹卷；南宋初年刻本《资治通鉴》1部100册、目录16册，分装20锦函。

（五）国宝运往台湾

1948年冬天，淮海战役进入白热化。国民党眼看支撑不住了，南京再一次陷入危机之中。在这非常时期，故宫博物院奏请国民政府核准，决定将故宫和中央两博物院存放在南京的文物提取精品，运往台湾。当时，确定运往台湾的故宫文物精品，共计600箱，以参加伦敦艺展的文物为主。随后，中央博物院、中央研究院历史语言研究所、国立中央图书馆和外交部也决定提取文物精品运往台湾。这样，五大文物单位成立一个联合机构，办理文物迁台事宜。

存放南京的南迁文物，分三批运往台湾。

第一批，五大机构各派专人押运，由中央研究院李济先生带领，押运员8人：故宫博物院是庄尚严、刘奉璋、申若侠3人，中央博物院是谭旦冏、麦志诚2人，中央图书馆是王省吾1人，中央研究院是李光宇1人，外交部是余毅远1人。国宝文物共计772箱，包括：故宫博物院320箱，中央博物院212箱，中央研究院120箱，中央图书馆60箱，外交部60箱。

第一批文物由海军部负责运输，是海军部派出的中鼎轮号舰将文物从南京直接运往台湾。这一批文物中，故宫博物院共计320箱，包括古物馆295箱、图书馆18箱、文献馆7箱。1947年12月22日中鼎轮起航，于5天后到达台湾基隆港。

第二批国宝文物数量大，共计3502箱，包括：故宫博物院1680箱，中央研究院856箱，中央博物院486箱，中央图书馆462箱，北平图书馆18箱。这一批文物，由故宫博物院理事徐鸿宝率领，由于徐先生临时有事不能成行，只好由各机关押运员共同负责。这次押运员共13人，包括：故宫博物院那志良、吴玉璋、梁廷炜、黄居祥4人，中央研究院董同龢、周法高、王叔岷3人，中央博物院李霖燦、周凤森、高仁俊3人，中央图书馆苏莹辉、昌彼得、任简3人。

第二批文物由招商局货轮海沪轮号负责运输，不用任何军舰。这一批文物中，故宫博物院共计1680箱，包括古物馆496箱，图书馆1184箱，于1948年1月9日运抵基隆港。

第三批国宝文物迁运，只有故宫博物院、中央博物院和中央图书馆三家参加，共运文物1272箱，包括：故宫博物院972箱，中央博物院150箱，中央图书馆150箱。

第三批文物由海军部派昆仑舰护航。这一批文物中，故宫博物院共计972箱，包括古物馆643箱、图书馆132箱、文献馆197箱。这批文物历时1个月，于1949年2月22日到达台湾。

故宫博物院三批文物，共计 2972 箱。

1949 年 1 月 7 日，负责押运事宜的故宫方面负责人庄尚严在完成迁台文物运输之后，就运台文物有关的六大机构、文物数量、押运事宜、船运细节、沿途情形、入库情况、库房条件等等方面，特地给院长写了一份报告，详细叙述迁台国宝文物经过，较真实地反映了这批南迁的故宫国宝文物，跋涉数千里、翻山越岭、横渡台湾海峡的奔波和艰辛。从这份报告中，可以很清楚地了解当时文物运输途中的真实情形，特别是所经历的无数惊心动魄的风雨历程，以及鲜为人知的国宝秘籍受潮受损情况和库房收藏状况。

值得庆幸的是，这些流传宫外的国宝秘籍，无论经历了多少风雨历程，它们依旧完好无损，真是上苍有眼，国宝有灵啊！

（六）台北故宫博物院

到达台湾后，文物先存放在台中糖厂仓库，这只能是权宜之计。负责故宫文物事宜的常务委员熊国藻，带领各处主管到各地查看合适地点。查看了各处后，有三个地方供选择：台中县番子寮山麓、台中县雾峰乡旁山麓、台中县雾峰乡吉峰村北沟山麓。杭立武主任会同两院理事会委员蒋梦麟、傅斯年、罗家伦等人亲自前往三处地方实地考察，认为北沟山麓最为理想：背倚高山，空地开阔，地处幽静无人之境。

买下这块地之后，着手建造库房。库房三层，呈品字形，每层容纳 1600 箱。中间库房，由"中央博物院"和"中央图书馆"合用，中以墙壁隔开；两边的库房，由故宫博物院专用。

1950 年 4 月 14 日，工程竣工。文物开始运往北沟，4 月 22 日，文物全部运完。

国宝文物运到台湾，原先参加文物运输的五大机构故宫博物院、"中央博物院""中央图书馆""中央研究院"和"外交部"，合组五机构联合办事处。

故宫国宝文物运到台湾之后，理事朱家骅担心文物的安全，多次提出清查运台所有文物。

1950年7月17日，两院理事会开会，朱家骅再次提议清点。最后决议，用抽查的办法点查文物：由理事多人，延聘专家，组成清点委员会，抽查两院运台文物和中图所有文物，抽查方法是依据原有清册，逐项核对，确实无误，注明：核对无误。

这次抽查，由理事会理事李济、罗家伦、丘念台和有关专家黄君璧、董作宾、孔德成、高去寻、劳幹等人负责。

1951年6月16日—9月8日，历时近3个月，抽查了1011箱，其中，故宫国宝文物是560箱，点查结果：良好。

李济在报告中称："此次所查，1011箱，虽有笔误或者漏列之处，但均能查出原因，而文物并无损失。且此项笔误或漏列，尚系在平、沪时经手之人，校对未周，与现在保管人员无关。"

连续三年抽查，共2412箱，结果都是良好：1952年，520箱；1953年，777箱；1954年，1115箱。

1962年6月18日，在台北士林外双溪，建造新的台北故宫博物院。

即将建成时，蒋介石前来视察，问：何时开幕？负责人回答：11月12日，国父孙中山诞辰纪念日开幕。蒋介石感叹：好，这个博物馆，若是叫中山博物院，多好！负责人一听，立即回答说：好，就叫中山博物院。

然后马上吩咐随从人员，要做金字牌匾，悬挂：中山博物院。

后来，巍峨的建筑建造完成了，黄色琉璃瓦，高悬大匾，还是称为：故宫博物院。

这件事，故宫博物院的那志良先生觉得有点荒唐，打趣说："有人问，你们这个博物院，到底是什么博物院？我们告诉他们，这房子原来是为故宫博物院盖的，只因蒋介石随便说了一句话，房主人就换成了中山博物院，我们由房主人变成了房客了！"

　　台湾的"行政院长"严家淦更有意思，要兼顾各方面的感受，在故宫博物院落成典礼上，抑扬顿挫地说："把这一座新的博物馆，定名为中山博物院，是最有意义的。将来……故宫博物院与中央博物院的文物，分别运回北平与南京之后，那时再正式成立一个中山博物院！"

　　台北故宫博物院落成之后，正式恢复"国立"故宫博物院称号，直属于台湾"行政院"管理。台湾"中央图书馆"馆长蒋复璁先生，就任台北故宫博物院院长。

五、两岸故宫国宝比较

（一）台北故宫国宝数量

运往台湾的文物，虽然数量不大，只是南迁文物的四分之一，但是，每一件都是极品，它们都是精品中的精品、国宝中的国宝。那志良先生这样写道："运台文物的箱数，与南迁箱数相比，以数量计，自然是仅有南迁箱数的四分之一；但是若以质计，则南迁文物中的精华，大部已运来台湾了。"

运往台湾的三批文物精品，故宫博物院所藏国宝，总计是 238951 件，又 693 页，合装 2972 箱，主要包括：古物部分 1434 箱，图书部分 1334 箱，档案文献部分 204 箱。

古物 1434 箱包括：

铜器 61 箱 2382 件，瓷器 895 箱 17934 件，玉器 103 箱 3894 件，书画 94 箱 5760 件，漆器 34 箱 318 件，珐琅 70 箱 817 件，雕刻 8 箱 105 件，文具 24 箱 1261 件，杂项 145 箱 19958 件。合计：1434 箱 52429 件。

图书 1334 箱包括：

善本书 83 箱 14348 册，善本佛经 13 箱 713 册，殿本书 206 箱

36968 册，满蒙藏文书 23 箱 2610 册，观海堂藏书 58 箱 15500 册，地方志 46 箱 14256 册，实录库书 6 箱 10216 册，四库全书 536 箱 36609 册，四库荟要 145 箱 11169 册，图书集成 3 部 86 箱 15059 册，藏经 132 箱 154 册。合计：1334 箱 157602 册，又 693 页。

　　文献馆文物的件数，没有统一的标准，档案只好以一捆为一件，或者一箱为一件；起居注、实录、史书之类，以册的形式存在，便以一册为一件。文献 204 箱，包括：

　　宫中档 31 箱，实录 2 箱，军机档 47 箱，清史馆档 62 箱，起居注 50 箱，图书 1 箱，诏书 1 箱，杂档 2 箱，本纪 8 箱。

　　图书方面，南迁图书善本珍本共 1415 箱，运往台湾的是 1334 箱，有 81 箱没有运往台湾，而留在大陆的 81 箱，内有 15 箱是空的，箱内的图书已全部提出，装入疏散到安顺的参加伦敦国际艺展的这批 80 箱之中，这 80 箱已在第一批运往台湾。也就是说，实际运往台湾的图书是 1349 箱。其余 66 箱，装的全部是藏经，共 170 余册。这 66 箱本来也随第三批文物运往台湾，运到下关时，因为太拥挤繁杂，军舰容纳不下，只好全部退回。

　　存放在南京的重要图书，基本上全部运到了台湾，尤其是一些宫廷收藏的和特藏的大部头书籍，差不多都是完好无缺地全部运往台湾，包括《四库全书》文渊阁藏本、《四库全书荟要》御花园摛藻堂藏本、昭仁殿"天禄琳琅"藏书、宛委别藏、观海堂藏书、古今图书集成等。

　　《四库全书》始修于清乾隆三十七年，历时 10 年才修成，共计选定宫藏和地方进呈、进献书籍 3460 种，79339 卷，分成经、史、子、集四大部类，称《四库全书》。书成后，缮写了四部：第一部贮于紫禁城文渊阁，第二部存于沈阳文溯阁，第三部存于圆明园文源阁，第四部存于热河行宫避暑山庄文津阁，合称北四阁。后又相继抄录了三部，分贮于江苏镇江金山寺文宗阁、扬州大观堂文汇阁、浙江杭州圣因寺文澜阁，合称南三阁。又抄副本一部，收藏于翰林院。

《四库全书》共抄录了八部，各部的卷、册、种数、内容大体相同，只是略有差异。全书共 36078 册，分贮于 6144 函，共约 99700 万字。分成经、史、子、集四大部 44 类 66 子目，将先秦至清初的重要文献囊括于其中，以明代为最多。

文渊阁所藏第一部是书品最佳、质量最上乘的一部，这一部全部运到台湾，分装了共计 536 箱。

《四库荟要》是《四库全书》的精华本，共选取 473 种书，抄成 19931 卷，分装 11178 册，共 2001 函。此书先后缮写了两部，一部最好的存放在紫禁城御花园东北角摛藻堂，另一部存放于圆明园味书屋。这套《荟要》是备皇帝随时翻阅的，装订、装潢、函套较之《四库全书》更为精致和讲究，缮写的也更工整，书品更好。圆明园味书屋的一部，毁于英法联军火烧圆明园，仅存的摛藻堂一部，全部运往台湾。

《四库全书》编纂完成后，又陆续从江南购得了一批好书，由阮元呈进，收存于宫中，称为宛委别藏，又称四库未收书。这套丛书共 173 种，除部分刻本外，都是朱栏玉楮的精抄珍本，十分名贵，均不在旧版之下。宛委别藏收存于紫禁城养心殿，780 册，分存于 103 函；每函红楠木书匣，匣上刻"宛委别藏"四字，经、史、子、集四部分别以绿、红、青、白四色区分，书衣也依类分成蓝、紫、红三色。

《古今图书集成》系铜活字本。全书 1 万卷、目录 40 卷，分 6 汇编、32 典、6109 部，分装成 5020 册，522 函。紫禁城文渊阁、皇极殿、乾清宫曾各存一部，这次三部全部运往台湾。

运往台湾的武英殿刻本图书 36900 余册，地方志 14200 余册，观海堂藏书 15500 册，《四库全书》36600 余册，《四库荟要》11100 余册，《古今图书集成》3 部 15000 余册，共计 15 万余册。

书画碑帖方面，南迁的都是晋唐以来的法书、名画、御笔、碑帖等，共计 9000 余册，仅其中御笔的集中在一起的，共有 26 箱，共 2424 件。

运往台湾的，共计 5458 件，包括法书 906 件、名画 3744 件、碑帖 290 件、缂丝 224 件、成扇 294 件。没有运往台湾的，实算起来仅有 200 件，而且大多数是清代大臣的作品。

瓷器方面，南迁时共计 27870 件，运往台湾的是 17934 件，数量虽不多，但全是精品。铜器方面，南迁数量是 2789 件，其中铜镜 517 件，铜印 1646 件，而运往台湾的是 2382 件，只有 400 余件略次些的留在大陆。

文献方面，南迁时是 3773 箱，运往台湾的是 204 箱。

故宫博物院、中央博物院、中央研究院、中央图书馆、外交部五大机构的文物、档案运抵台湾以后，中央研究院的文物存放于杨梅，其余四机构文物存放于台中糖厂仓库中，四机构组成中央文物联合保管处统一管理。

1949 年 7 月 31 日，成立国立中央博物图书院馆联合管理处并成立委员会，教育部部长杭立武任主任委员。

1955 年 1 月，联合管理处改组为"中央运台文物联合管理处"，颁发办法六条，分成四个组：故博组、中博组、电教组、总务组。11 月，改组为"国立故宫中央博物院联合管理处"。

1950 年 5 月，"行政院"曾公布了台北故宫、"中央博物院"两院共同理事会名单，这是入台后的第一届理事会，理事长是李敬斋，理事杭立武任秘书，理事王世杰、朱家骅、傅斯年、罗家伦、上念台、余井塘、程天放任常务理事。每届任期两年。从第二届理事会起，王云五被推选为理事长，一直到第七届。

1965 年，"行政院"在台北士林外双溪为台北故宫博物院和"中央博物院"选定了新址，盖好了屋舍。恢复了故宫博物院原有机构，即现在的台北故宫博物院，隶属于"行政院"，院内设院长 1 人、副院长 2 人，下设古物、图书两组以及总务处、会计室、出纳室、秘书室、人事室等。

（二）台北故宫国宝

台北故宫博物院所藏，大多数为清宫旧藏之物。而宫中所藏，可以追溯到宋初，距今已经 1000 余年了。

宋承五代之旧藏，收藏日渐丰富。宋太祖锐意改革，大兴文教。据记载建隆元年（960年），即有"图画院"之名号。宋太宗醉心于绘画，太平兴国元年（976年），诏令天下，求前哲书画墨迹，大臣高文进、黄居寀奉旨搜罗民间珍贵书画。太平兴国四年（979年），建造太清楼，收藏珍贵书画。庆历年间（1041年—1048年），辽送《千鹿角图》，宋仁宗吩咐将此图收藏于太清楼中。

《景德四事图》中最后一幅，就是《太清观书》。端拱二年（989年），太宗复于崇文院建造秘阁，以三馆书籍珍本以及内府古书画墨迹收藏阁中。秘阁，实际上就是北宋宫中的皇家博物院。宋徽宗时，内府收藏更加丰富多彩，皇帝雅好丹青，吩咐大臣集中妙迹，敕撰《宣和书谱》20卷、《宣和画谱》20卷，并完成了《宣和博古图》。

宋末靖康之难，宋徽宗、钦宗二帝被俘，宫殿焚毁，宫中珍宝或者被金人抢掠，或者流失民间。宋高宗南渡，建立南宋，大力收购宫中旧藏，北宋内府珍宝，渐渐收回，许多珍品得以收藏于南宋宫中，并钤南宋内府之印：奉华堂。宋高宗宠妃刘氏雅好瓷器，所珍藏之中瓷器底部镌刻：奉华。宋理宗醉心于古物，宫中珍藏都钤：缉熙殿宝。

南宋灭亡，首都临安被和平接管，元宰相伯颜派遣郎中董祺，将宋宫旧藏，悉数收取，由海道运送大都，即北京。元亡之后，明大将徐达进入北京，收取宫中旧物，全部南运至南京。明成祖迁都北京，这些宫中旧物再度北上，运到北京紫禁城。清承明宫旧藏，历200余年，珍宝更加丰富。

民国建立之初，逊帝仍然居住在宫中。民国政府将故宫三大殿划归内务部，成立古物陈列所，除宫殿旧物之外，拨沈阳故宫及热河避暑山庄文物充实其中。溥仪偷运宫中国宝，珍品大量流失。后来日军侵华宫中文物南迁，最后运到台湾，成立台北故宫博物院。台北故宫博物院最初统计所藏珍品，是 24 万件。后来，经过仔细整理核对，实际上是 60 余万件，包括：

1. 器物类

铜器，4389 件；瓷器，23863 件；玉器，4636 件；漆器，459 件；珐琅，1871 件；文具，2062 件；杂项，21135 件；雕刻，98 件；新增，9146 件。合计 67659 件。

2. 书画类

法书，1041 件；名画、图像，4099 件；碑帖，313 件；扇子，296 件；织绣，254 件；新增，2664 件。合计 8667 件。

3. 图书文献类

善本，147924 册；满蒙图书，2764 册；档案文献，393167 件；新增，4457 件。合计 548312 件册。

以上三项，共计 624638 件册。台北故宫所藏，确实是宫中精品，有些全部提走，包括：宋汝窑瓷器 23 件，珐琅彩瓷 450 余件，以及文渊阁《四库全书》等等，都在台北故宫博物院中。除图书、文献、书画、瓷器、玉器之外，台北故宫博物院仍有丰富的收藏，包括青铜器、漆器、珐琅、服饰、文具、图像、织绣等。

玉器

清乾隆皇帝喜爱宫中玉器，不仅命儒臣编纂了各种目录、图谱，而且喜爱鉴赏，并在特别喜爱的珍贵器物上刻字留念。

清乾隆十一年，乾隆皇帝写了两首诗，吟咏一块赭红色玉版。据说，这块玉版是新石器时代晚期的杰作。玉版呈梯形，上下边缘都涂深褐色。这件作品，可能是新石器时代大型玉刀的半成品，乾隆皇帝命令宫中玉工精心修饰整理，配上木座，制成屏风。

乾隆皇帝担心在这件珍贵玉版上题诗，恐怕会破坏了这件珍品。于是，他写了诗之后，命大臣张若霭代为书写，将诗刻在紫檀木架上。但8年后，乾隆皇帝实在忍耐不住，吩咐宫中玉工将先前自己所写之诗，刻写在这件珍贵的玉版上。

乾隆皇帝十分重视懂得鉴赏的宫中玉工，姚宗仁就是杰出的代表。宫中收藏的玉螭纹杯，乾隆皇帝十分喜欢，一直以为是汉代旧物。后来经过仔细观赏和鉴别，乾隆皇帝开始怀疑，认为可能是伪品。他招来玉工姚宗仁，俩人一起鉴赏。姚宗仁是玉工世家出身，他的父亲也是宫中的玉器大师。姚宗仁一看，就说这件作品是他的祖父精心制作的仿制品。

乾隆皇帝问：为什么不像市场上造假的汉玉那样油腻不堪？

姚宗仁回答：是祖传秘法。

乾隆皇帝十分高兴，鉴别了一件奇珍，特地写了一篇《玉杯记》，刻在这件玉杯的木盒之上。

姚宗仁知道乾隆皇帝喜爱玉器，特地为皇上精心制作了一件鹅形玉器。据说，书圣王羲之喜爱白鹅，而乾隆皇帝喜爱书圣王羲之的书法，也喜爱白鹅。因此乾隆皇帝对姚宗仁制作的鹅形玉器十分珍爱，视为珍品，特地命侍臣缩临王羲之的《快雪时晴帖》，刻在姚宗仁进献的鹅形玉器上。闲暇之余的乾隆皇帝时常展玩这件独特的玉器，欣赏玉器精美的同时，也欣赏书圣王羲之的书法杰作。那种愉快和欢悦，恐怕只有喜爱艺术珍品的乾隆皇帝能够独自享受。

青铜器

青铜器在中国有着悠久的历史，大约在夏朝就已经铸造了十分精美的青铜器物。夏朝的青铜器，原来只见于《墨子》一书的记载，人们一直不敢轻信其是否真实。随着近年考古发掘的发现，一些精美的夏朝器物现世，夏朝灿烂的文化和成熟的文明成果令人惊叹。

中国可信的文明历史，起码可以确定成熟于商朝，大量史料文献记载了商朝的灿烂文明，大量的考古发现证实了商朝的丰硕文明成果。商朝早期的青铜器制作反映了商民的独特文化品位，商末到西周初年，青铜器的制作工艺和技术水平达到了前所未有的高峰。

中国的早期文献记载了这样的历史史实：商人尚鬼。青铜器的大量铭文，也证实了这一点。商民相信，人是有灵魂的，人死以后，也和生前一样，需要一切用品；鬼神的世界和红尘世界一样，是同样真实存在的。既然鬼神世界存在，既然死后与生前的需要是一致的，商代就风行厚葬，厚葬之风将大量祭祀用的礼器卷入了坟墓。这些出自墓葬的大量青铜器，就是当年墓主人爱不释手的祭器，它们是商周时代文明的见证。

青铜器时代，似乎是古代文明中心的标志之一。中国在公元前16世纪前后就有了青铜器文明，欧洲、土耳其、里海在古代也都有青铜器问世。土耳其和里海的青铜器，甚至要早于中国的商周时代。中国的青铜器是用块范法铸造的，欧洲的青铜器则用废蜡法铸造，但世界上无论哪一种青铜器，都没有中国青铜器精美，不论是其铸造技术、制作工艺，还是器物造型、纹饰图案，中国青铜器都是无与伦比的。

中国古代的精美青铜器问世以后，大多数进入了中国宫廷，成为皇帝十分看重的国家宝藏。这些国宝级的青铜器，一直收藏于皇宫之中。其中，一部分精品随着宫廷文物南迁，现收藏于台北故宫博物

商晚期 亚丑方簋

西周晚期 散氏盘

西周晚期 毛公鼎

院，包括：商兽面纹方尊、商父丙角、康侯方鼎、祖乙尊、献侯鼎、毛公鼎、宗周钟等。

商兽面纹方尊，尊是商周时期举行典礼时大中型盛酒器的总称，宋代开始，将高、粗、口外撇之容酒器，统称为尊。这件方尊，方体，方圈足，圆口，折角。腹部是兽面纹，正方是立雕兽头，四角是鸟的剖面图，两两相对。

商父丙角，腹部、腿部和盖子都装饰着花纹，腹部饰云雷纹图案。

漆器

中国漆器的制作，起码有3000年以上的历史。漆是漆树内的一种汁，既有保护功效，又有装饰效果。漆器工艺复杂，包括彩绘、描金、填漆、戗金、雕漆、螺钿等多种技法。雕漆工艺在中国宋、元之时就已经成熟，工艺水平很高。明清时期，由于皇帝的喜爱，在宫中十分流行，也是宫中漆器类的大宗。

雕漆，就是在器坯上，涂漆数十层，然后在漆上雕刻精美的图案，又分为剔红、剔黑、剔犀、剔彩等。明代早期和

明 嘉靖 剔彩九龙圆盘

中期的漆器，漆层很厚，雕刻技法圆润，以花卉为主；明中后期，喜欢浓烈的色彩，好龙纹装饰。清代漆器，色彩艳丽，雕刻精致。

台北故宫所藏宫中漆器较多，珍品有：元剔黑双凤牡丹八瓣盘、明剔红花卉锥把瓶、明螺钿牡丹圆盒、明戗金填漆龙纹菊瓣盘、清剔彩春熟宝盒等。

珐琅

珐琅器，就是在金属胎外施以玻璃釉，经过高温窑烧之后而形成的器物。从技法上看，分为三类：画珐琅、掐丝珐琅、内填珐琅。

画珐琅，在金属胎外直接以珐琅绘画，然后高温窑烧而成。这种技法，是16世纪传自欧洲，又称为洋瓷。

掐丝珐琅，以金属丝盘成花纹轮廓，焊在金属器外，用各色珐琅填入轮廓内，在窑中高温加热，然后打磨、镀金而成。明景泰年间，宫中的掐丝珐琅器物最为有名，又称景泰蓝。

清 乾隆 凫尊

内填珐琅，相近于掐丝珐琅，不同的是，花纹轮廓是以刻、铸而成。

中国宫廷之中，皇帝后妃们十分喜爱珐琅器，特别是明清两代，宫中设立作坊，专门制作皇帝御用的珐琅器。

台北故宫博物院收藏的宫中珐琅器物，约1800余件。著名的包括：明景泰掐丝珐琅薰炉、清康熙画珐琅彩绘牡丹方壶、清乾隆内填珐琅番莲纹盖碗等。

服饰

中国 2000 多年的帝制时代，造就了等级森严的帝制文化，其中，最为显著的标志之一，就是严格规范着不同身份、不同等级的服饰制度。这个制度规定着什么人穿着什么颜色、什么样式、什么质地的衣服，什么人不能穿戴什么颜色、什么样式、什么质地的衣服。与衣服相匹配的，就是各式各样的饰品，包括不同颜色、不同形状、不同图案、不同配饰的冠帽、朝珠、衣带、首饰、手串、带扣、香包、如意、鼻烟壶以及五彩缤纷的女性用品等等。

台北所藏宫中服饰，数量庞大，种类多样，品种十分丰富，主要有：

清高宗大阅胄，革质，外饰以漆，龙纹，镶貂皮和各种珠宝。

皇贵妃冬朝冠，薰貂朝冠，上缀朱纬，装饰金凤、珍珠、宝石等。

双喜冠，是黑布制作的女冠，婚礼上使用的。其外部装饰翠鸟羽毛，组成云纹、双喜纹，其间缀饰珊瑚双喜以及珍珠、碧玺，垂翠玉坠角。

手串，有紫碧玺手串、黄碧玺手串、镶米珠沉香木手串、雕木罗汉手串等。

松石朝珠，以松石珠 108 颗，用黄丝线串成，间缀红碧玺佛头以及珊瑚、坠角等。

红木镶宝石如意，红木胎，螺丝镶点翠，上饰大块翠玉、碧玺和各种珍宝雕刻的牡丹、三多（多幅、多寿、多子）吉祥图案。

清 佚名 慧贤皇贵妃像

宫中首饰，丰富多彩，有镶珠金镯、珊瑚金镯、镶翠金戒指、镶珠花戒指、珠翠葡萄耳坠等。

女性首饰，五彩缤纷，有蝙蝠簪、菊花簪、珠花簪等。

法器

法器是佛事活动中所用的祭器、乐器、服饰的总称。台北故宫博物院所藏，主要是紫禁城中慈宁花园法器旧物，以及养心殿和热河行宫部分法器。

清朝统一全国，特别注重西藏、新疆地区的统治，强调宗教领袖的重要性，一方面颁赏金印，一方面大规模地建造寺院，宫中也建造佛殿，包括英华殿、雨华阁、慈宁花园等地。

宫中的法器十分精美，一部分是内府所造，一部分则是达赖、班禅进贡之物，还有一些是征服边疆地区时缴获的精美器物进献宫中的。

西藏、蒙古地区的佛事活动中，崇尚以人头骨制作法器，特别是以高僧、贵族去世后的头骨制作而成的法器最为珍贵，称为嘎布拉。

台北故宫博物院所藏宫中法器很多，珍贵的有：

镀金宗喀巴佛，清乾隆四十六年镀金坐像，眉心嵌一颗大珠，结跏坐莲花座，身后是娑罗树光背。座周镶透花狮子，宝座、光背镶嵌五色珠宝。光背上刻写汉、满、蒙、藏四体文字，称：乾隆四十六年孟夏月，卫藏贡有大利益金宗喀巴佛像。奉旨照式范金，造此宗喀巴佛……

象牙雕璎珞冠裳，冠以象牙雕骷髅头五组串联而成，顶承法轮，法轮中心刻写梵文经咒，下以象牙珠串联成璎珞，间以坠角、小铃装饰；裳是以牙雕金刚杵、法轮、兽面串联而成，红色锦为裳带，带下是牙珠串联，间饰轮、角、方胜等。

手鼓，以男童、女童头骨各一，相背粘连而成，两边蒙以羊皮，或者猴皮，上涂绿漆，绘金龙纹，周围饰二色石镀金花，腰部饰以嵌松花石累丝镀金圈，坠蜜蜡珠、花三角等。

右旋白螺，螺口镶镀金边，正中心刻写藏文，周围是串枝花叶图案，上嵌三色石珠。下部刻写：乾隆年制。背镶银片，其上镌刻汉、满、蒙、藏四种文字，书：大清乾隆年制。法螺是佛教八宝法器之一。白螺通常是左旋，右旋白螺十分稀少。这颗右旋白螺，在乾隆五十二年平定台湾林爽文之乱时，曾经携其渡海，一直风平浪静，御赐名为定风珠。

嘎布拉饮皿，以人头骨制作而成，镶镀金口，外沿饰蟠枝花，沿边镶三色石，内壁彩绘佛像，外壁保持原貌，没有任何纹饰。

文具

中国文明悠久，文化源远流长。中华文化在世界文明史上是独一无二的，其独特性的标志就是象形汉字和书写汉字的材料：笔、墨、纸、砚。笔是毛笔，笔毫柔软，用于书写。墨是墨锭，是水溶性的。纸是写字的承载体，吸水性好。砚是研墨成汁的砚台，与水溶性的墨配套。这四样东西，就是中国知识分子日常使用的文具，合称文房四宝。

中国的文具，比较而言，注重其实用性功能，但不易保存，所以，流传下来的不多。而一些精品进入宫廷以后，由于皇帝和皇室成员的喜爱，经过内府的装饰，得以保存，流传了下来。

中国宫廷的文房四宝，十分讲究。笔由两个部分组成，一是毫，一是管。笔毫有多种，羊毫、狼毫是主体。笔管是装饰的重点，质地也各不相同，有玉质、瓷质、牙质、角质等，经常在笔管上题字、雕刻、绘画。

墨分多种，主要是松烟墨、油烟墨和漆烟墨。不同类别的墨，都讲究墨模雕刻的图案、形状，墨的气味和墨的色泽。宫中的墨，主要是皇帝御用墨和贡墨，质地好，用料上乘，造型美观，制作精美。明清两代的御用墨都是精致之作，贡墨也别具一格。明中期以后，宫廷御用品的制墨大师罗龙文、叶玄卿、程君房等人的佳作，独树一帜。

中国宫中用纸品种多，种类齐全，有高丽纸、粉笺、梅花笺、宣纸、罗纹纸、桃花纸、竹帘纸等。

砚的收藏，是中国文人的一大好，往往与金石收藏相媲美。清乾隆皇帝就喜爱古砚，不仅爱赏玩内府收藏的各种古砚，也不遗余力地搜集各种名砚，一有发现，必搜罗入宫。乾隆皇帝爱好古砚，特地将宫中所藏古砚，编辑成册，纂成《西清砚谱》，中国古砚之精华，全在其中。而书中古砚精品半数以上，入藏台北故宫博物院。

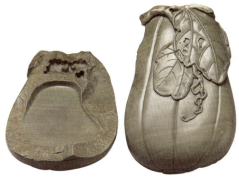

清 康熙 松花石甘瓜石函砚

彩漆云龙纹管笔，明嘉靖时期的宫中珍品。笔管、笔帽，均黑地描彩漆绘云龙纹，笔管上方，金漆书：大明嘉靖年制。

百子图墨，明天启元年叶玄卿制。圆形，黑色，边框起楞。墨之两面，绘百子嬉戏图。墨两侧题字，阳文楷书，一边是：天启元年墨，苍苍室藏款。一边是：新都叶玄卿，按易水法制。

明晚期 青玉管碧玉斗紫毫提笔
剔红婴戏图羊毫笔

乾隆御咏明华诗十色墨，清乾隆皇帝御用墨，长方形，边框起楞。十锭，分朱红、浅红、黄、浅黄、蓝、绿、黑、白、褐、浅褐十色。

墨之一面绘所咏花卉，一面是填金隶书乾隆御制咏花诗。左侧凸起，楷书：大清乾隆年制。

松花石葫芦砚，清雍正皇帝御用砚。松花石砚材，砚上是绿色斜纹，砚为扁平葫芦式。墨池上刻蝙蝠。砚背面中心微凹，下方镌清雍正皇帝御题隶书：以静为用，是以永年。下钤篆文方玺：雍正年制。

图像

中国的图像画起源很早，传说中殷商时代就有绘画像而得良辅的故事。周代时，有明堂四墉，描绘尧、舜圣主和夏桀、商纣暴君。自三代以后，中国的图像画就分两大类，一是写真画，真实描绘人物的逼真形貌；一是想象画，表现传说或者远古时期人物的形象。

中国历代宫廷之中，收藏有大量图像画，主要是历代圣贤像和历代帝王后妃像。

台北故宫博物院所藏，主要有：

伏羲坐像，宋马麟画，绢本设色。

宋仁宗皇后坐像，应是宋仁宗第二任皇后曹氏像，绢本设色。

元世祖出猎图，元刘贯道画，绢本设色。

元世祖后彻伯尔像，元顺圣皇后，绢本设色。

明宣宗坐像，绢本设色。

玛常斫阵图，清郎世宁画，纸本设色。

织绣

织绣种类繁多，宫中精致的织绣品，主要包括两大类，一是刺绣，一是缂丝。

刺绣是中国妇女的发明，也是中国妇女的一种绝技。这种工艺历史悠久，技艺精湛。但中国古代的刺绣，通常是实用性的。宋元以后，开始出现书画刺绣作品，并进入宫廷。现存较早的刺绣佳作，是五代时期所绣的《三星图》。

一般织绣品，花纹较为规则，纬线必须经过经线。缂，意思是织纬。缂丝工艺则与普通织绣品不同，纬线仅通过图形部分的经线，再回转；图形以外未通过纬线的经线，由其他图形的纬线穿越。以各色纬线在预定的图案内往返穿梭，形成所需要的图案。在纬线回转的地方，因为彼此不相关联，所以，在图案的周围，形成了锯齿状的空隙，看上去如同雕刻镂空之状，称为缂丝。缂丝的织面是平纹，正面反面的花纹相同，左右方向则相反。

缂丝工艺十分精美，宋代时发展迅速，南宋是其黄金时代。这种工艺，费时费力，织之艰难，主要用于旗帜和珍贵图画，也用于织祝颂之词和书法名作。明清时，缂丝工艺成为皇家的至宠，用于织朝衣、蟒袍，倍极珍贵。

台北故宫博物院珍藏着十分珍贵的织绣精品，大约有 254 件，主要包括：

宋缂丝《海屋添筹》，白地设色，刻织蓬岛瑶台，祥云仙鹤。

宋沈子蕃缂丝《山水》，白地设色，刻织重山秀水，石矶茅亭。

宋朱克柔缂丝《桃花画眉》，蓝地设色，刻织一只画眉亭亭玉立于一枝桃花之上。

宋内府缂丝《龙》，刻织五爪金龙，云游于菊花、牡丹、山茶、栀子花丛之间。

明吴圻缂丝沈周《蟠桃仙》，白地设色，刻织沈周所画蟠桃树下仙人持桃图。画边织诗：囊中九转丹成，掌内千年桃熟。蓬莱昨夜醉如泥，白云扶向山中宿。

明绫本《西池王母》，八仙庆寿挂屏十二幅之一，绣西王母乘坐彩凤，手持寿桃，从天而降。

清乾隆御制赞缂丝《极乐世界图》，刻织西方极乐世界，大幅画面，诗用汉、满、蒙、藏四体文字刻织乾隆皇帝御制赞。

清乾隆缂丝《岁朝图》，白地设色，刻织工笔花卉，葫芦形状，瓶中杂置梅花、天竺、水仙，都是岁朝清供。瓶下花种落地，小鼠探壶。瓶上方蓝地刻织隶书乾隆皇帝御制《岁朝诗》。摹织题款：臣姜晟敬书。二朱印：臣、晟。

清绫本顾绣《桂子天香图》，绣桂树、秋花、坡石。左方绣题：蓝袍脱却喜冲冲，足下生云入化工。堪羡垣娥真有意，天香赠自广寒宫。癸卯新正偶题，锡山嵇璜。

清绢本乾隆御制《乐寿堂诗意图》，大幅绣庭院楼阁，左上方绣摹乾隆皇帝御制《乐寿堂七言律诗》。右下方绣：臣孔宪培之妻于氏恭绣。

（三）台北故宫古物珍藏

1949 年，运往台湾的南迁宫廷国宝文物，故宫博物院的共计 238951 件，分装 2972 箱，包括古物馆 1434 箱，图书馆 1334 箱，文献馆 204 箱。

古物馆国宝，包括玉器、瓷器、铜器、书画、漆器、珐琅、文具等等。其中，特别珍贵的历代古书画作品 94 箱，5760 件。其中，包括《快雪时晴帖》《蜀素帖》等。

王羲之是东晋人，生于琅琊，历官右军将军、会稽内史。当时，自由之风盛行，士人们讲究欣赏美，赞美风骨，品味神韵。这种风气，融汇在《快雪时晴帖》这件行书作品之中。当时，流行篆书、隶书，草书、行书也以一种独有的特质，风行于社会上层士大夫的生活之中。王羲之最初学卫夫人书法，后习李斯、张芝、钟繇、蔡邕等名家，特别擅长行书和草书，以独特的风格，一改汉魏以来的朴实书风，形成流畅圆润、妍美多姿的新风格，使得书法如同音乐一样充满了律动和美感，开一代书法之新书风，令后人为之倾倒。尤其在行草方面，王羲之是当之无愧的领军人物,他的书法艺术达到了登峰造极、出神入化的程度,无人能出其右,人称"书圣"。

宋米芾的《蜀素帖》,原本是大学士傅恒家中的传世珍藏。清乾隆四十七年,傅恒将珍爱的《蜀素帖》送出装裱,意想不到的是,此帖离开傅家不久,傅府突然遭遇大火,许多珍物付之一炬,而此帖却逃过大劫。傅恒的儿子福隆安是乾隆皇帝的宠臣,他知道皇帝喜爱名家墨宝,这帧宋代墨迹,与其放在家中心里不安,不如进献给喜爱珍稀墨迹的皇帝。于是,福隆安毅然决定,将家传名帖《蜀素帖》进献给乾隆皇帝。

乾隆皇帝自然喜出望外,欣然接受了这份厚礼,重赏了福隆安。几年后,傅家再遭大火,一直怕傅家人心中耿耿、有夺人所爱之嫌的乾隆皇帝感觉,这是天意,是冥冥中的一种力量促使这帧名帖归于内府,以免遭天妒之祸。乾隆皇帝兴起,挥笔为《蜀素帖》题诗一首,并命书法极工的侍臣,在《蜀素帖》的卷首题写:翰墨因缘,流传有数。艺林名迹,当有神物护持,不可思议耳!

米氏的《蜀素帖》是稀世之宝,清大臣张照的《临米芾蜀素帖》也是不可多得的珍品。张照是康熙时期入值南书房的著名大臣,因才华出众,颇受康熙皇帝的青睐。雍正时期,雍正皇帝赏识张照的文才和书法,选为皇帝身边负责文案事务的起居注官,并一再重用,担任多种重要职务。乾隆皇帝喜爱风格清新的书法,特别喜欢张照书法的独特神韵。乾隆皇帝认为,张照的书法,别有神采,兼具米芾、董其昌之风,既尽得二人书法之精华,又摒弃了二人书法的不足,简直就是书圣王羲之以后的第一人了!这样神韵独特的墨迹,非凡间之物也,谁又能学得了?

乾隆皇帝将张照列为最为赏识的五大词臣之一,对他的书法,曾这样写诗赞赏:

北宋 米芾 蜀素帖

书有米之雄，而无米之略。

复有董之整，而无董之弱。

羲之后一人，舍照谁能若？

即今观其迹，宛似成如昨。

精神贯注深，非人所能学！

　　乾隆十七年秋天，42 岁的盛年皇帝弘历带着他的文武侍从前往热河，举行木兰秋狝。皇帝骑着骏马，行走在塞山的崇山峻岭之中，一大群文学侍臣跟随其后。山路崎岖不平，一些不会骑马的大臣满头大汗，狼狈不堪，只能悄悄在荒草中叹息，也惭愧自己不能像皇上一样骑马纵横山林！

　　心胸开阔的乾隆皇帝将一切看在眼里，淡淡一笑。他放眼山林，看着漫山遍野的荒草树木、金色的果品和红色的树叶感觉心旷神怡，心中非常高兴。乾隆皇帝为眼前的景色所感染，一时诗兴大发，挥笔写下了《雾》诗。诗中说：擅长处理政务的大臣们，在这崎岖的山路上，不会骑马，不要叹息，也不必惊慌，你们就为我写几首诗吧！

　　写诗是大臣们的专长，皇帝太体谅臣子的惭愧之心了！几位大臣闻言大喜，纷纷写诗，称赞当今皇上的不世圣德。乾隆皇帝吩咐自己十分欣赏的书法奇才汪由敦，誊写皇帝御笔的《雾》诗和众大臣们的唱和之作，宫廷画师蒋溥奉命绘画《御制塞山咏雾诗意图》。

　　这样，以雾为题材的诗、书、画三绝问世了，乾隆皇帝欣喜不已。如今，这首《雾》之诗、书留在故宫博物院，而《雾》之画却到了台湾，收藏于台北故宫博物院。

　　李思训是李唐宗室后裔，大胆突破唐代的人物画题材，以独特的山水画风格闻名于世，是中国绘画史上山水画的开山始祖之一。他笔下的山石树木，用笔细腻，线条流畅，设色喜欢用石青、石绿、土黄、赭石等颜料，更喜欢掺入金粉作画，使得整个画面金光灿灿，色彩艳丽，人称"金碧山水"。他的代表作是《江帆楼阁图》，山水楼阁"金碧辉煌"，松林草木枝叶古朴，与隋代大画师展子虔的名作《游春图》后半部分的风格很接近。

　　韩幹是唐初的著名大画师，少年时，大画家、大诗人王维就发现了他的绘画天赋，鼎力支持他从事绘艺活动。天宝初年，他以卓越的天资被召入大唐宫廷之中，授职供奉，成为宫廷之中的专职画师。他追随曹霸学画，专攻人物、走兽，以画马最负盛名，宋李公麟、元赵孟頫等画马大家，都奉韩幹为祖师。他的代表作，就是《牧马图》：马夫满脸胡须，身材魁梧，身形矫健地骑在一匹马上，手牵着一匹健壮的大黑马。这种肥硕雄壮的健康美，正是大唐所崇尚的风格。马匹线条苍劲，鞍具描绘极细。宋徽宗十分喜爱这幅画作，将其收藏于宫廷秘阁之中，并亲笔在画幅上题写八字：韩幹真迹，丁亥御笔。

　　周昉是唐德宗时期的大画师，官至宣州长史，长年居住在京城长安，对宫廷之中的衣着服饰和奢侈生活十分了解。他出身于显赫世家，喜爱诗文、绘画，特别擅长描绘宫女形态，所画女子秾丽丰肥，形态逼真，描绘精妙。后来，他从宫女转而画释、道人物，风格迥异，笔法简劲健朗，非常人之体态。他所绘的精致人物画《观音菩萨》，十分经典，就是后世所谓的"水月观音"。《内人双陆图》是周昉的代表作，画面上是六个宫女，衣饰十分华丽。两个神态端庄的女子，正在聚精会神地下双陆棋，看上去犹豫不决。其余的女子则在一边观战，神情非常紧张。这是中国绘画史上最为经典的画面，画面上宫女的表情，真是神来之笔，细腻逼真，栩栩如生，仿佛呼之欲出。

周昉的另一件代表作是《仕女图》，因为每一位侍女头发上都插花朵，故称《簪花仕女图》。虽然在确定时代上尚有争论，但这一画作，无疑是一件稀世珍宝。这件作品，随溥仪出宫，在小白楼失踪，流落在外，几经辗转，现藏于辽宁省博物馆。

顾闳中是五代时期的人，南唐李后主时的宫廷画师。李后主在宫廷之中设立画院，召集天下最优秀的画师入充院中。顾氏是江南人，被召为南唐画院待诏，成为宫廷画师。他以擅画人物著称，他的经典作品就是《韩熙载夜宴图》。韩熙载是位才华出众的大臣，因为才华过人，遭遇妒忌，受到同僚的排斥和主上的猜忌，只能以纵情声色来掩饰自己，借以宣泄内心的忧郁。李后主仍不放心，还是派近臣顾闳中、周文矩二人深夜前往韩府探视求证。顾氏、周氏都是御用宫廷画师，他们将在韩府所见所闻，一一默记在心，然后归来，画成《韩熙载夜宴图》，送呈后主御览。

《韩熙载夜宴图》画卷分五段，分别描绘了韩熙载听乐、观舞、休息、清吹、送别的场景。韩熙载躯体高大，身形伟岸，头戴一顶高冠，长髯飘逸，神情俊朗，是一位性情豪放却不失分寸的美男子。即使在与乐伎嬉戏的场合，他也不失威严，仍然保持着高贵而庄重的神情。从他的眼神、表情和动作上，丝毫看不出一点失态和轻佻。整个画面富于动感，人物生动，形象逼真。

《韩熙载夜宴图》是一件不可多得的杰出画品，整幅画作如同一幅连环画，前后相连，每一个场景以屏风隔开，自成体系。风流大臣韩熙载是夜宴的主人，自然也是画卷的中心。他在不同场合一再出现，不仅参与了教坊副使李嘉明极富艺术气质的妹妹的弹琴活动，还热心地参加了舞师王屋山的激情舞蹈，特别是在王氏跳六幺舞时，他手持

鼓槌的样子表现得活灵活现。他悠然自在地往来于宾客、乐妓之间，尤其是他那示意勿打扰别人的神态，简直是出神入化，十分迷人。

台北故宫博物院收藏了画卷五部分中的送别一部分，其余部分仍然收藏于故宫博物院。引首有明人题篆书大字："夜宴图。太常卿兼经筵侍书程南云题。"前隔水，有宋人题款，四行核桃大的行书。明代大学者顾复称此书是宋高宗赵构御笔。卷上钤有收藏印，从南宋史弥远绍勋印到近代画家张大千印，共46方。特别珍贵的是，前隔水处，有乾隆皇帝亲笔题写的韩熙载小传。清乾隆皇帝鉴赏此画，《石渠宝笈初编》著录了此卷。

鉴赏大家杨仁恺先生说："就书法的风貌而论，是属于赵构一路。画尾下角，钤绍兴联珠印，证明此卷曾入南宋内府。拖尾无名氏书韩熙载事略，有人以为是元史官袁桷撰书，尚待进一步研究。元人班惟

北宋 范宽 黪山行旅图

志小楷七言长古诗，后隔水清初王铎题行书五行，引首为明初程南云篆书。查顾氏绘制之《韩熙载夜宴图》，仅有一卷，藏南唐画院。宋灭南唐，所有文物典章，全部为宋所有。《宣和画谱》有《韩熙载夜宴图》一卷，或是南唐之物，亦即《韩熙载夜宴图》之祖本……我认为，真正可靠的顾氏真迹原本，应该是宣和内府所藏的那一卷，靖康之乱时，想已被毁，不在人间。苏东坡所题之卷，可能为宋早期画院摹本。陆游题本与詹氏著录诸本，亦属于宋人临本。因为《韩熙载夜宴图》是历代最享盛名的作品，同时或稍后，已有不少摹临本流传，它的情形正好与张择端的《清明上河图》相似。而顾氏此卷，无疑是宋画院高手所为，且是内府藏本，人物刻画细微处，与《佚目》中的所谓唐人《女孝经》上的形象和表现技法，实有相通。我同意名鉴藏家孙承泽对此卷的评价，是传世稀有的名迹！"

范宽是北宋真宗时期的著名画家，陕西高广宽厚的黄土高原，造就了他质朴厚实的性格。他的这种性格运用到了他的画里，形成了他独特的画风——宽厚广大、朴实无华。他的为人同样豁达大度，宽怀亲切，时人亲切地称他为宽。他的山水画风，师法李成、荆浩。后来，他说了一句传颂千世的话：与其师人，不若师诸造化！他的《溪山行旅图》《秋林飞瀑图》设色沉厚，浓墨劲笔，线条细腻，巍峨山势的远山近景构成一幅雄浑厚重的画面，正是范宽的典型风格，也成为中国古代名画中的杰作。

最值得一提的是，宫中珍藏的两份《十骏图》，系供职清廷的西

五代 顾闳中 韩熙载夜宴图

洋画师意大利人郎世宁和波希米亚人艾启蒙所画。

　　一份记载于《石渠宝笈初编》，收藏于御书房，系郎世宁一人独立完成的真迹，十骏分别命名为：奔霄骢、赤花鹰、雪点雕、霹雳骧、籋云駃、万吉骦、阚虎骝、狮子玉、自在骄、英骧子；另一份载于《石渠宝笈续编》，由郎世宁和艾启蒙共同完成，收藏于宁寿宫。

　　第二套十骏之中，有三骏出自郎世宁之手——红玉座、如意骢、大宛骝，另七骏出自另一位西洋宫廷画师波希米亚人艾启蒙之手——驯吉骝、锦云骓、佶闲骝、胜吉骢、踏铁骝、宝吉骝、良吉黄。

　　郎世宁是意大利人，19岁那年加入天主教，成为耶稣会助理会士，向往东方文化，主动要求到中国传教。27岁时到达中国澳门，在那里学习中文，并取了一个中文名字——郎世宁。康熙五十四年，他来到北京，受召入宫，觐见康熙皇帝。这位以传播天主教为己任的传教士，传教没有被中国皇帝重视，但他的绘画才能却受了中国皇帝的格外垂青。康熙皇帝吩咐，让他留在宫中，成为专职的宫廷画师——内廷画院供奉。他先后历康熙、雍正、乾隆三朝，数十年间生活在中国宫中，成为最有名的西洋传教士和宫廷画家。这位受到乾隆皇帝信任的画师，擅长西洋技法，糅合中国水墨画法，描画人物、花鸟、犬马。他的绘画作品真实地记录了当时五彩缤纷的宫中生活，成为极有历史和文化价值的画品。

乾隆皇帝做皇子之时，就十分欣赏郎世宁的绘画，两人经常一起切磋画技。郎世宁与法国画家王致诚都受到乾隆皇帝的宠信，曾一起奉旨参与了对圆明园西洋楼的绘图和设计。他们有很深的绘画造诣，一生热心于绘画事业，深得皇帝的信赖，经常奉旨在宫中授课，讲解西洋绘画，教授中国宫廷画家许多西洋绘画技巧。郎世宁将一生献给了天主教，也将一生献给了他所钟爱的绘画事业，留下了丰富的绘画遗产。乾隆三十一年，郎世宁在北京去世，乾隆皇帝十分伤痛，特地下旨赏赐他侍郎衔，葬于北京城外传教士墓。

风雅自许的乾隆皇帝喜爱犬马，郎世宁奉命绘制《十骏图》《十犬图》。

国宝文物南迁装箱之时，故宫博物院古物馆中，只找到了这两套《十骏图》20幅中的11幅，包括郎世宁所画的8幅，也就是郎世宁的第一套5骏：奔霄骢、赤花鹰、雪点雕、霹雳骧、籋云驶，第二套3骏：红玉座、如意骢、大宛骝；和艾启蒙所画的3幅，这11骏，现收藏于台北故宫博物院。

另外，尚有9幅没有下落：郎世宁画的5幅——收存于御书房的万吉骦、阚虎骝、狮子玉、自在骄、英骧子和艾启蒙画的4幅——收藏于宁寿宫中的驯吉骝、锦云骓、佶闲骝、胜吉骢。文物南迁以后，故宫博物院组织人员继续清点，找到了这余下的9幅，正是《石渠宝笈》

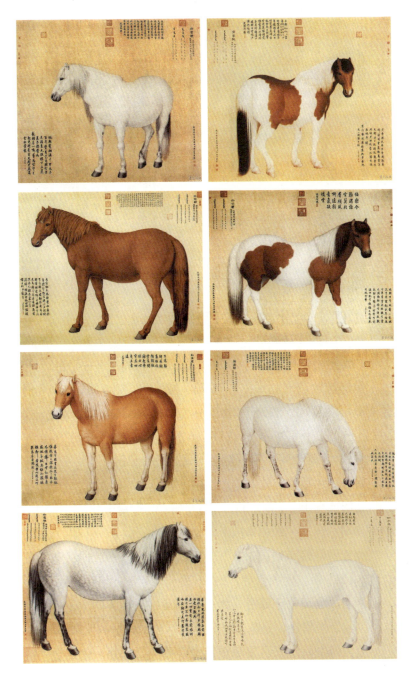

清 郎世宁 十骏图
（奔霄骢 赤花鹰 大宛骝 尔云驶 红玉座 霹雳骧 如意骢 狮子玉 自在骄 雪点雕）

所记载的十骏真品。

（四）台北故宫古籍珍藏

　　故宫博物院南迁的珍贵图书，几乎所有的都运往了台湾，包括：

　　参加伦敦艺展的珍本，15 箱；殿本书，206 箱，36986 册；观海堂藏书，58 箱，15500 册；善本书，83 箱，14348 册；地方志，46 箱，14256 册；实录库书，6 箱，10216 册；满蒙藏文书，23 箱，2610 册；佛经，13 箱，713 册；《藏经》，132 箱，154 册。

　　另外还包括几部特藏本大型书籍：

　　《四库全书》，536 箱，36609 册；《四库全书荟要》，145 箱，11169 册；《古今图书集成》，3 部，86 箱，15054 册。

　　故宫博物院南迁图书，1334 箱，共计 157602 册；参加伦敦艺展的珍本，15 箱。两项合计，约 16 万册。

　　台北故宫博物院藏书，大多数是宫中最精美的本子，书品好，版本精良，装帧华贵，是富于鲜明皇宫特色的典型的皇家秘籍。

　　故宫博物院院长蒋复璁很喜爱院藏宫廷秘籍，他在谈到故宫博物院所藏珍本时说："本院珍藏宋椠，袭自逊清秘府。天禄之贮，插架琳琅，素称宏富。唯一毁于嘉庆乾清宫之火，再散于民初易代之际，所幸存者，十不二三。其余各宫殿收贮，间亦偶得宋版。若钟粹、毓庆、寿皇诸宫殿，颇有释藏，见之《秘殿珠琳续编》著录。"

起居注册是中国皇宫特有的一种日记体式的编年史书，是具有较高史料价值的有关皇帝政务、生活、宫廷等诸方面的纪实性实录，是由皇帝选定的学识渊博、品德优异的文臣作为皇帝身边的起居注官，逐日真实记录皇帝日常言行、起居的内廷秘籍。

起居注官是皇帝设立的史官，是历代中国皇帝身边最为重要的史官之一。早在周代时，皇帝身边就设立左史、右史，记录皇帝的言行："先圣据龙图，握凤纪，南面以君天下者，咸有史官，以纪言行。言则左史书之，动则右史书之，故曰：君举必书，惩劝斯在！"

汉武帝时，皇帝的活动日益频繁，正式设立禁中起居注官，将古代左史、右史分工记录皇帝言行的职责合二为一。这是中国正式设立记录皇帝日常生活的起居注官之始，也是正式以史官介入皇帝生活的开端。

汉以后，历代皇帝继承了这一史官记录皇帝生活的优良传统，选择品行优良的文臣入充起居注官，真实记录皇帝的言行和生活。

中国较早的皇帝起居注，是唐代的《创业起居注》。

记录皇帝生活最为完善的是清代，清代宫中拥有极为丰富的《起居注册》。

太和门广场西庑，清廷设专门的起居注官公署。皇帝从翰林之中选择最为优异的卓越之士，担任起居注官，并兼职为皇帝讲解经史，称为日讲官。清代皇帝十分注重学习儒家经典，特别是康熙、乾隆皇帝，终生好学，决不荒疏一日，因此，特设日讲官。皇帝每天听政下朝以后，日讲官就为皇帝讲解儒家经书，或者讲论古史，君臣一起探讨学问，十分有益。日讲官又担任起居注官，合称日讲起居注官，通常是由几名学识渊博之学士轮流担当。

日讲起居注官，每天侍值，他们在见证了皇帝一天的言行之后，回到太和门广场西边、门南侧的办公房内，记录皇帝一天的政务、生活。每天一次，每个月汇为一编，订成一册，分别收贮在宫中特制的书匣内。每年12月底，再将12个月的起居注册合在一起，交给内阁大臣收存在内阁大库中。

清代起居注册，通常分两类：一是满文《起居注册》，一是汉文《起居注册》。

清代较为完整的《起居注册》，始于康熙皇帝，差不多坚持每月1册，1年12册，闰月13册。

清雍正皇帝是位十分勤奋的皇帝，政务繁忙，事务众多，真正是日理万机。这一点从雍正《起居注册》可以看出来：每个月增为2册，1年是24册，闰月是26册！

清代从康熙九年开始，正式设立记录皇帝生活、言行的起居注官，记录皇帝在宫中的全部生活，直到清代灭亡，除了康熙五十七年至六十一年特殊时期一度裁撤此官职之外，《起居注册》基本没有中断，保存完好，这为后世保存了十分完整而极有价值的史料。

清代皇帝《起居注册》，从康熙十年（1671年）到宣统二年十二月（1911年），历时240年的时间，共有珍贵的内府秘籍12000余册，包括稿本、正本，分满文、汉文两种。其中，以乾隆皇帝的《起居注册》最多。

台北故宫博物院收藏清代皇帝《起居注册》7600余册，以乾隆皇帝的《起居注册》最为完整，约占1/3。其余，仍然存放在故宫博物院文献馆内，后来，文献馆改称为中国第一历史档案馆。

《诗经》是中国最早的一部诗歌总集，分风、雅、颂三部分，用诗意的笔法，真实而生动地记录了从公元前11世纪到公元前6世纪（西周—春秋）前后600余年的社会生活，既是一部优美的文学作品，也是一部有着极高史料价值的史学著述。

《诗经》作为书，最早称为《诗》，或者称为《诗三百》。汉武帝独尊儒术，设立五经博士，《诗》正式确立为经，始称《诗经》。《诗经》编纂成书于春秋时期，全书 305 篇，分三大部分：风是民间歌谣，按照国家分成 15 国风，收诗歌 160 篇；雅是王朝之正音，是京城由皇帝钦定的正乐，文人根据正音创作的诗歌就是雅，分小雅、大雅两部分，小雅收诗歌 74 篇，大雅收诗歌 31 篇，共 105 篇；颂是皇室宗庙祭祀用的乐歌，分周、鲁、商颂三大部分，周颂 21 篇，鲁颂 4 篇，商颂 5 篇，共收诗歌 40 篇。

清乾隆皇帝登基之时，年仅 25 岁。这位风华正茂、才华横溢的年轻君主，一生喜爱书籍、字画。即位不久，他就特地来到皇家宝库，检阅宫中珍藏的国宝秘籍。翻到南宋画家马和之精心所绘的《诗经图》时，乾隆皇帝眼睛一亮，由衷地喜欢。乾隆皇帝感叹马和之的画：笔法飘逸，务去华藻。他对这幅精致的画品佳作，爱不释手，反复观摩，决定自己亲自动手，抄写一部《诗经》，再选择宫廷画院画师模仿马和之的精致笔法为每一首诗配图。

乾隆皇帝特别喜爱《诗经·秦风·蒹葭》篇，他在泥金云龙纹饰边、泥金框栏的内府笺上，墨笔行书这首被世人一再吟咏的诗篇：

蒹葭苍苍，白露为霜。所谓伊人，在水一方。
溯洄从之，道阻且长。溯游从之，宛在水中央！
蒹葭凄凄，白露未晞。所谓伊人，在水之湄。
溯洄从之，道阻且跻。溯游从之，宛在水中坻！
蒹葭采采，白露未已。所谓伊人，在水之涘。
溯洄从之，道阻且右。溯游从之，宛在水中沚！

从乾隆四年开始，一有空闲，乾隆皇帝几乎每天坚持抄写《诗经》，

南宋 马和之 豳风七月图

南宋 马和之 节南山之什图

墨笔行书，笔力苍劲，不断句，运笔如行云流水。先后用了6年的时间，到乾隆十年，乾隆皇帝才完成了《御笔诗经》这样一部惊世大作，配上精致的图画，由内府装订成册，共30册，名《御笔诗经图》。乾隆皇帝亲自写跋，记述这一盛事的经过。近侍文臣为之写跋，赞颂皇帝不世之才。

《石渠宝笈初编》记载了《御笔诗经图》，详细记录了每一册的成书时间、成书经过。

乾隆皇帝的《御笔诗经图》一直被视为皇帝御笔真迹之精品，也是宫廷之中最为珍贵的内府秘籍，现由台北故宫博物院收藏。

南宋马和之的《诗经图》，是乾隆皇帝《御笔诗经图》的祖本，一直被视为诗画神迹，也是中国历代宫廷的收藏珍品。马和之的《诗经·小雅·节南山之什图》，现由故宫博物院收藏。

清乾隆皇帝一生喜爱佛经，特别钟爱《无量寿佛赞》。

刘墉是乾隆皇帝最为信任的大臣之一，不仅理政的才华令皇帝欣赏，他的书法造诣也令非常自负的皇帝深为叹服。刘墉知道皇帝喜爱《无量寿佛赞》，特地选取名贵的羊脑笺，用特制的泥金在笺上

南宋 马和之 豳风七月图（局部）

精写经文，在皇太后生日前夕，将他精心抄写的泥金《无量寿佛赞》精写本，恭敬而郑重地进呈给乾隆皇帝，恭祝太后万寿无疆，福如东海。乾隆皇帝看到刘墉的亲笔泥金写本，非常高兴，特地在母亲生日那天，以生日大礼郑重地进献给自己的母亲。

世人只知道刘墉的理政之才，其实，刘墉对自己的书法尤其自负，认为自己的书法造诣，远胜于自己的政治才能，无人能比，可谓独步当世。他一直认为，他的书法才艺一定会像他的才华一样名满天下，而且，他的书法更能流芳百世！他曾对儿子十分自负地说："他日为予作传，当云：以贵公子为名翰林，书名满天下！"

台北故宫博物院收藏的宫廷秘籍之中，就有刘墉手书的泥金书《无量寿佛赞》。

故宫博物院收藏有刘墉的几幅真迹：《送蔡明远叙轴》《小楷七言诗册》《诗文卷》等。

故宫博物院图书馆收藏有几部重要的乾隆年间写本《无量寿经》，主要有：

《无量寿佛赞》，清乾隆玉版写刻本，原藏养心殿；《无量寿佛经》，清乾隆二十四年弘历御笔写本，原藏永寿宫；《无量寿佛经》，清乾隆二十六年弘历泥金写本，原藏寿康宫；《观无量寿佛经》，清乾隆四十五年御笔精写本，原藏缎库；《佛说无量寿佛经》，清乾隆年和珅泥金精写本，原藏宝蕴楼；《佛说无量寿佛经》，清乾隆年朱珪泥金精写本，原藏宝蕴楼；《佛说无量寿经》，清乾隆年张若霭墨笔精写本，原藏毓庆宫；《佛说无量寿经》，清乾隆年刘纶泥金精写本，原藏永和宫等。

乾隆皇帝对自己十次成功的军事行动，十分得意。他觉得，作为皇帝，能够创下如此辉煌的武功，是史无前例，绝无仅有的。他称自己十次的武力征服为"十全武功"，他自号为"十全老人"。乾隆皇帝的十全武功是：

平定新疆准噶尔（北疆），2次；平定四川两金川，2次；平定廓尔喀（尼泊尔），2次；平定新疆回部（南疆），1次；平定台湾，1次；平定缅甸，1次；平定安南，1次。

乾隆皇帝的十次军事行动，取得了空前大捷，虽然损失巨大，人们对这十次武力征服评价不一，但乾隆皇帝颇为自得。

乾隆五十七年，清廷征服了廓尔喀，第十次军事行动圆满完成。廓尔喀带着大量的财物，恭敬地前来，纳表进贡称臣。乾隆皇帝春风得意，兴奋之余，亲笔写下了《十全记》，命侍臣翻译成满、蒙、藏文，颁赐天下，并吩咐内府织成绣绘品。

清内府缂丝精绣的乾隆御笔《十全记》可谓是无价之宝：正文四字——止戈成绩。下面是小字注解，很长的御笔后跋。乾隆皇帝特别喜爱为自己题写的一句话、一幅画、一篇诗作之类，写上长篇的跋文。上钤朱印：五福五代堂古稀天子宝、八徵耄念之宝、太上皇帝之宝等。

清内府缂丝乾隆御笔《十全记》《清高宗实录御制十全记（满文本、汉文本）》等，都在故宫国宝秘籍南迁中运往台湾，现由台北故宫博物院收藏。

清内府缂丝乾隆御笔《十全老人之宝说》，也是一部十分珍贵的内府本，由故宫博物院收藏。

台北故宫博物院珍藏秘籍之中，最为珍贵的是宋本书。

台北故宫博物院院长蒋复璁熟悉宫廷秘籍，他在谈到台北故宫博物院所藏珍本古书时说：

昔黄荛圃有言：书以古刻为第一。顾千里亦云：书以弥古为弥善。

唯我国雕版，虽兴于唐，盛于五代，而唐、五代雕本传世固罕，且除历书、韵书外，均属释氏经咒。故言儒家典籍旧刻，率以赵宋为先。侫宋之称，盖缘其由。然沧桑多变，聚散非常，天水旧椠，其存于今日者，亦云稀矣！

本院珍藏宋椠，袭自逊清秘府。天禄之贮，插架琳琅，素称宏富。唯一毁于嘉庆乾清之火，再散于民初易代之际，所幸存者，十不二三。其余各宫殿收贮，间亦偶得宋版。

若钟粹、毓庆、寿皇诸宫殿，颇有释藏，见之《秘殿珠琳续编》著录。养心殿宛委别藏，乃阮芸台所进呈。内阁大库检存，多属残帙散叶，乃宋秘书之孑遗。益以热河行宫所贮后归中央博物院者，及购自宜都杨氏观海堂者，共得宋椠七十六部，除去复本，得六十八种。虽未云丰，孤本秘籍，往往而在。

台北故宫博物院收藏的宋本，十分珍贵，也很稀少，特别是一直流传于宫中的本子，是珍品中的珍品。这些宋本，主要包括：

经部——《尚书注疏》《毛诗注疏》《周礼注疏》《仪礼要义》《春秋经传集解》《春秋左传注疏》《春秋谷梁注疏》《春秋集注》《论语注疏解经》《论语笔解》《孟子注疏解经》《尔雅》《说文解字五音韵谱》《龙龛手鉴》等。

史部——《前汉书》《后汉书》《三国志》《晋书》《周书》《资治通鉴》《资治通鉴纲目》《通鉴纪事本末》《古史》《苏文忠公奏议》《国朝诸臣奏议》《四朝明臣言行录》《东莱先生标注三国志详解》

《诸儒校正唐书详解》《十七史详解》《新编方舆胜览》《宣和奉使高丽图经》《昭德先生郡斋读书志》《致堂读史管见》。

子部——《纂图互注荀子》《心经》《历代名医蒙求》《严氏济生方》《类编秘府图书画——元龟》《孙氏六帖》《新编翰苑新书》《大方广佛华严经》《大集譬喻王经》《金刚般若波罗蜜经》《妙法莲华经》《楞严经》《首楞严义疏注经》《菩萨璎珞本业经》《老子道德经》《云笈七签》。

集部——《常建诗集》《昌黎先生集》《增广注释音辨唐柳先生集》《刘宾客文集》《淮海集》《南轩先生文集》《梅亭先生四六标准》《文选》《六家文选》《文苑英华辨证》等等。

台湾所藏宋本珍品之中，对照《钦定天禄琳琅书目》《钦定天禄琳琅书目续编》等书著录可知，属于天禄琳琅藏书的珍本，主要包括《春秋经传集解》《春秋集注》《论语笔解》《孟子注疏解经》《许氏说文解字五音韵谱》《龙龛手鉴》《前汉书》《后汉书》《通鉴纪事本末》《古史》《国朝诸臣奏议》《诸儒校正唐书详节》《十七史详节》《宣和奉使高丽图经》《心经》《孔氏六帖》《常建诗集》《唐柳先生集》《文选》《六家文选》《文苑英华辨证》。

这批宋本之中，除了天禄琳琅藏书之外，还有一些是宫中的珍本，但不是天禄琳琅秘本，包括秘殿珠琳本、宛委别藏本、观海堂本和宫殿内府秘藏本。

宛委别藏本有：《致堂读史管见》《仪礼要义》等。

杨守敬观海堂本有：《三国志》《周书》《新编方舆胜览》《来氏济生方》等。

秘殿珠林本有：《大方广佛华严经》《大集譬喻王经》《金刚般若波罗蜜经》《妙法莲华经》《楞严经》《大乘本生心地观经》《菩萨璎珞本业经》等。

宫殿内府秘藏本有：《尚书注疏》《纂图互注毛诗》《尔雅》《晋

书》《资治通鉴》《苏文忠公奏议》《首楞严义疏注经》《云笈七签》《淮海集》《南轩先生文集》《梅亭先生四六标准》等。

《春秋经传集解》，晋杜预撰，宋淳熙抚州本。此本收藏于昭仁殿，是嘉庆时期第二批入选天禄琳琅的。《钦定天禄琳琅书目后编》鉴定此本为宋监本，提出四条证据："不附入音义，一也；自序后连卷一，不另篇，二也；缺笔谨严，如桓二年珽字诸书，从未见避，三也；明传刻监本误字——无伪，四也。"

其实，这不是监本。这也是天禄琳琅藏书中，鉴定错误的几个本子之一。这个本子，是著名的宋抚州六经之一。宋咸淳九年，黄东发修《抚州六经》跋称："六经官板，旧惟江西抚州、兴国军称善本。兴国板已毁于火，独抚州板尚存。咸淳七年，叨恩假守取而读之，漫灭已甚，中用国子监本参对整之者，一百一十二。因旧版整刊者，九百六十二。旧本中更修缮字反多讹，今为正，七百六十九字。"

台北故宫博物院考证《春秋经传集解》称："抚州本传世诸经，有《公羊何注》，藏涵芬楼；《礼记郑注》，藏海源阁，其版式、行款，率同此本。又据江安傅氏所藏抚州本《礼记释文》残卷，行款亦视此本不悖；且书中刻工吴中、高安国等人，亦复叠同。则此本为抚州刻本，毫无可疑。"

书中钤有6方清代皇帝藏书鉴赏章，可以进一步印证，这是清宫内府秘籍。内府朱印5方：天禄琳琅、乾隆御览之宝、太上皇帝之宝、八徵耄念之宝、五福五代堂宝。内府白印1方：天禄继鉴。

《春秋集注》，宋张洽集注，宋临江郡庠刊本。这是昭仁殿天禄琳琅旧藏，也是嘉庆年第二批入选的珍品，书上所钤内府诸印，与《春秋经传集解》相同。内府鉴藏印6方：朱印5方——天禄琳琅、乾隆御览之宝、太上皇帝之宝、八徵耄念之宝、五福五代堂古稀天子宝；白印1方——天禄继鉴。

《前汉书》又称《汉书》，汉班固撰，汉班昭续撰，唐颜师古注，宋福唐本，半页十行。史学家班彪仿《史记》写《后传》，未成而卒。其子班固续写，历时20余年完成《汉书》120卷，80万字，沿用《史记》体例，改书为志，去掉世家。其妹班昭和马续接着完成《天文志》和八表。《汉书》创纪传体断代史书之先河，其表、志大有新创，《刑法》《五行》《地理》《艺文》各志为新创，后来史书沿用。其中，《艺文志》详细记载了秦汉以来流传的书籍，是中国最早的目录学著作。

唐以前，有22家注解，唐颜师古病各家注或离折本文，隔其辞句，或以意刊改，错乱舛杂，前后失次，故博采众家之长，在班昭之下37家旧注的基础上，重加校勘，集诸注之大成：凡旧注是者具而存之，旧注未详者衍而通之，旧注缺漏者详注而补之，是为唐氏集注本，也是世间最流行的注释本。宋福唐郡庠监本是最早的版本之一，元、明两代递修。宋代监修汉书，始于宋太宗淳化年间（990年—994年），最早修的史书就是《史记》《前汉书》《后汉书》。

宋藏书家叶梦得说："淳化中，以《史记》《前后汉书》付有司摹印，自是，书籍刊镂益多！""监本书籍者，绍兴末年所刊也。国家艰难以来，固未暇及。九年九月，张彦实待制为尚书郎，始请下诸道、州、学，取旧监本书籍，镂板颁行。从之。然所取者，多残缺，故胄监刊六经无《礼记》，正史无《汉书》。廿一年五月，辅臣复以为言，上谓秦益公曰：监中其他缺书，亦令次第镂版，虽重有所费，不惜也！是经籍复全。"

台湾学者称："是本，元季补修版片，几占十之八九，襄海宁陈氏遂定为元翻宋版。今考书中刻工郑全、郑立，见于日本静嘉堂文库所藏宋末刊本《古灵先生文集》书中。而避宋讳止于慎字，设使此本为元大德年间翻北宋监本，断无避南宋帝讳之理。又元大德九年，太平路儒学刊本此书，其行款为每半页十行，行二十二字，视此本不同，若此书为元大德所刊，必不会在一二年之中两次雕版……订此本为宋福唐刊，元、明递修本……书中钤有天禄继鉴、乾隆御览之宝、天禄琳琅……诸藏书记。前三钤记为内府所用，而此书未见于《天禄琳琅书目》中，殆为嘉庆以后继进。"

《后汉书》，南朝宋范晔撰，130卷，230万字。此书问世前，有18家《后汉书》，范晔以《东观汉纪》为主体，博采众家之长，自订体例，以类叙法编次，大量收录奏议、文章，论后附赞，形成文笔流畅、叙事详明、结构严谨的独特史书风格，并新增《党锢》《宦者》《文苑》《独行》《逸民》《方术》《列女》7类。

唐代之时，《史记》《汉书》《后汉书》并列，合称《三史》。历代为此书注释者众多，流传最广者，纪传唐李贤注，志南朝梁刘昭注。宋淳化五年初刻本，宋福唐本、绍兴本为善本。宋福唐郡庠刊本，晋司马彪撰志、唐李贤注纪传、梁刘昭注志，元、明递修本，半页十行。

台北故宫博物院收藏："是书本院尚藏有一部，为天禄琳琅旧藏。书中宋版原刻，视前本略少，泰半为元季补刊……书中钤有天禄继鉴、乾隆御览之宝……诸藏书印记。"

《孔氏六帖》，宋孔传撰，宋乾道二年刻本。孔传鲜见史书记载，是书首冠东鲁韩仲通序称："孔子之后，四十七代，有孙曰传。"孔传初名孔若古，宋兖州仙源（山东曲阜东北）人，官至左朝议大夫、知抚州军州事，封仙源县开国男，在此书之外，曾撰写《孔子编年》、《东家杂记》，他曾在序中自称"宋绍兴甲寅三月辛亥四十七代孙右朝议大夫知抚州军州事兼管内劝农使仙源县开国易食邑三伯户借紫孔传序"。此书传本极少，曾入藏明文渊阁，明初《文渊阁书目》收录此书。后来，于嘉庆年间入选昭仁殿第二批天禄琳琅藏书，《天禄琳琅书目续编》著录。

《孔氏六帖》大约写于南宋高宗绍兴年间，是续《白氏六帖》之作。

《白氏六帖》100卷，由唐大诗人白居易编纂，宋孔传续编，又称《白孔六帖》《唐宋白孔六帖》。诗人白居易喜爱古典、佳句，曾特地设数千瓶子，命诸生采集唐以前所有经史书籍之中的典故词语、诗文佳句，投入瓶中。然后，分门别类，编辑成书，取名《经史类要》30卷，又名《事类集要》《六帖》《白氏六帖》。各卷有总目，凡235目、1367门、附503小目，合1870门。因为人多手杂，没有很好组织编纂，类目无序，征引杂乱，不标明出处，引起一片批评之声。南宋大目录学家晁公武之曾祖父晁仲德，喜好《白氏六帖》，仔细考证出处，一一加注，此书一时身价倍增。

宋孔氏仿《白氏六帖》体例，辑唐至五代经史诸籍，续成《六帖新书》30卷，1371门，始刻于宋乾道二年，世称《后六帖》。为了区别两书，后人冠以白氏、孔氏，称《白氏六帖》和《孔氏六帖》。

《孔氏六帖》问世之后，历来褒贬不一。宋代时，肯定的评语与批评之声相交织。肯定者认为："取唐以来至吾宋诗、颂、铭、赞，奇编典录，穷力讨论，撮其枢要，区分汇聚，有益于世。续白居易《六帖》，谓之《六帖新书》。"

韩苍子在序言中也称："孔侯之书，如富家之储材，栋榱枅栱，云委山积，匠者得之，应手不穷，其用岂小！"

宋大学者洪迈则持不屑态度，认为两部《六帖》庸俗浅薄，称《白氏六帖》："俗传浅妄，书如云仙散录之类，皆绝可笑！……传续六帖，悉载其中事，自秽其书！"

南宋末年，两书合刊本问世，取名《唐宋白孔六帖》，以《白氏六帖》为主，将《孔氏六帖》附于其下，另析为100卷，1399门，为集大成者，比《白帖》多32门，比《孔帖》多28门。

台北故宫博物院所藏《孔氏六帖》29卷，书中避宋高宗讳，应为南宋时的版本，一直收藏宫中，世所罕见："自《白孔六帖》合刊行世，白孔二帖，元、明以降，遂无单行本。由是原书面目，后人极难窥见，而宋本之存于世者，更稀如星凤。孔氏此书，千百年来，尚鼎峙于天壤间，宁非书林之宝。各家藏书志，除官府书目外，未见著录，足知传本极罕。今观书中，有文渊阁印，又明《文渊阁书目》著录此书曰：一部十册缺。今本院所藏，此书十九册，实后代改装。原即为明内府所藏，后散入民间，为山西按察使宋筠所得，后复归内府……书中钤有文渊阁印、五福五代堂宝、八徵耄念之宝、太上皇帝之宝、天禄继鉴、乾隆御览之宝、天禄琳琅……诸印记。"

《文选》，又称《昭明文选》，南朝梁萧统编。萧统是梁武帝的长子，未即位而殁，谥昭明，世称昭明太子。萧统博学，工书、能文，信奉佛教。他喜欢结交文学之士，谈论诗文。曾特地召集文学之士编纂书籍，确定新的入选原则：文学之书，方能入选；何为文学书？事出于沉思，义归乎翰藻，方为文学作品；经、史、子部书籍与文学书籍相区别，排除在文学之外；只有史部之中，综辑辞采、错比文华的论、赞，方可入选。所选作品，以楚辞、汉赋、六朝骈文为主，诗歌选择严谨，如此只有对偶工整的颜延之、谢灵运的诗才能入选，而陶渊明的作品不能入围。

《文选》30卷，是古代文学作品的选集，也是集各家代表作之总集，集周、秦、汉、魏、晋、宋、齐、梁、陈诸多文学作品汇成一辑。此书问世以后，成为古代士人的必读书。为此书注解者众多，以唐李善注最负盛名。李善博学通才，极喜欢《文选》，晚年以讲读《文选》为业。唐高宗李治显庆年间（656年—661年），潜心注解《文选》，析为60卷。注解文字讲解详明，资料丰富，为后世保留了大量资料，有极高的历史、文学价值。

李善注之外，还有五位文学大师的注解本较为独特，影响也大。这五位注解大师，就是张铣、吕延济、李周翰、刘良、吕向。五臣注与李善注不同，五臣注偏重解释字句，李注较为精善，但较偏于经史，只引经史释事。唐玄宗李隆基开元六年（718年），大臣吕延祚以李善注只引经史、殊忘本意，特地将五臣之注解合为一辑：《五臣注文选》，30卷。吕延祚认为《五臣注文选》不错，修表进呈御览。

《五臣注文选》，本想补李善注之不足。可是，五臣所依据的本子太过俗劣，加之附会穿凿，断章取义，遭到宋代儒生们的讥毁。宋代大诗人苏轼就说："五臣乃俚儒荒陋者，反不及善！"

李善注与五臣注，各有长短，后来，人们将二者合而为一，取名《六臣注文选》，60卷，又称《六家文选》。

《文选》自问世以后，各种刻本纷纷出笼，包括李善注本、五臣注本、六臣注本、袖珍本、白文大字本、白文小字本等。较早的《文选》刻本，大约是五代的本子，最有名的是宋绍兴本、淳熙尤袤刻本、明汲古阁和清嘉庆征刻尤氏本。这些本子中，以宋绍兴二十八年明州本较佳，收藏于宫中。

台北故宫博物院所藏《文选》，就是宋绍兴明州本，其书末跋称："右文选板，岁久漫灭殆甚。绍兴二十八年冬十月，直阁赵公来镇是邦，下车之初，以儒雅饬吏事，首加修正，字画为之一新。俾学者开卷免鲁鱼三豕之讹，且欲垂斯文于无穷矣。左迪功郎明州司法参军兼监卢钦谨书。"

这部宋绍兴明州本《文选》，旧藏昭仁殿，为乾隆时期鉴赏入藏的第一批天禄琳琅藏书，《天禄琳琅书目》著录。书上钤有5方朱印、1方白印，即天禄琳琅、天禄继鉴、乾隆御览之宝、八徵耄念之宝、太上皇帝之宝、五福五代堂古稀天子宝等6方内府藏书印。

台北故宫博物院所藏南迁珍贵秘籍，除了天禄琳琅珍本之外，还有许多珍稀内府秘本，包括宛委别藏本、观海堂本、内府秘藏本等。

《尚书注疏》20卷，汉孔安国撰。卷一首行题：附释文尚书注疏。第二行题：国子祭酒、上护军、曲阜开国子臣孔颖达奉敕撰。唐太宗贞观年间，孔颖达与王恭、颜师古、司马才章等大家，以《孔传古文尚书》为底本，搜集南北朝以来蔡大宝、顾彪、刘炫之各家《义训》，汇为一炉，共撰《尚书》义训100余篇，取名《尚书义赞》，进呈御览。唐太宗较为满意，钦定改名为《尚书正义》，又称《尚书注疏》。

台北故宫博物院所藏《尚书注疏》，第三行题：唐国子博士兼太子中允赠济州刺史、开国男陆德明释文。卷一尾题：魏县尉宅校正无误大字善本。字体遒劲，笔法端庄，墨迹如新，是世间罕有的宋庆元建安本，半页九行，历经元、明修补，以元建刊明闽修补十行本补配，世称十行本，也就是著名的建刻音释注疏本之九经三传十行本。这本秘籍，原藏于御花园东部的摛藻堂，《天禄琳琅书目》没有著述。

《纂图互注毛诗》20卷，汉毛亨撰，汉郑玄注，宋建阳书坊刻本。书中避宋帝讳，不甚严格。卷前附毛诗举要图，十分珍贵，包括：十五国风地理图、大东总星之图、公刘度夕阳图、楚丘定星中图、七月流火图、三星在天图、宣王考宝图、文武丰镐之图、春籍田祈社稷图、巡守柴望告祭图、祭器之图、乐舞器图、器物之图、四诗传授图等32图。

台北故宫博物院所藏《毛诗》，20卷，宋绍熙建阳本，有耳题，上书篇名、页数。这是一部清内府旧藏珍本："全书朱笔句读，兼校误字，盖经学人致力者。又书眉墨批，蝇头小楷，极为细致。恒、贞、构字减笔，宋人墨迹也。版刻字画流美，纸墨亦佳，允为锓本之精者。原藏昭仁殿。"

《资治通鉴》294卷，简称《通鉴》，宋司马光撰。世称涑水先生的司马光，陕州夏县人，一生喜好史书，想集历代史籍于一炉，统为编年体巨著。经过多年努力，完成了《通志》8卷，记载战国至秦时史事。这一举动，惊动了皇帝，宋英宗调去书稿，感觉不错，特地在宫中为司马光设置书局，以司马光为主修官，选史学大家刘恕、刘攽、范祖禹为协修官，博采十七史以及唐以来的重要史书，包括实录、杂史、谱录、碑碣、行状、家谱、传记、小说、文集等300余种史料，先编丛录（大纲），再纂长编（史料系年），最后由司马光笔削润饰成书，完成定稿，历时近20年，纂成中国第一部编年体通史，也是第一部编年体史料长编。内容上以政治、军事为主，旨在以治乱兴衰的历史为统治者提供借鉴，取名《资治通鉴》。

台北故宫博物院所藏《资治通鉴》，蝴蝶装，宋鄂州覆刊龙爪本：

"是书版刻晴朗，楮墨如新，允为宋版佳构，为内阁大库旧藏……此书南宋刻本甚多，其可考者，有海陵郡斋本、蜀广都费氏进修堂本、浙江茶监盐本、监本、建阳本等数种。其中，以蜀广都费氏进修堂本，椠雕精湛，最为世人艳称，宋人又称之为龙爪本。今流传绝罕，其行款与此本不殊，后人遂每误此本为龙爪本……则是帙，当即为鄂州覆刊龙爪本。"

（五）故宫古物珍藏

故宫博物院，从 1925 年成立至今，经历了 80 余年的风风雨雨。故宫博物院收藏的是清宫遗留下来的 200 余万件珍贵文物，除溥仪偷运出宫的 2000 多件珍品和运往台湾的 23 万余件文物之外，其余尚有 180 万余件文物留存下来，继续由故宫博物院保存。这百余万件文物，除了极少数的之外，绝大多数都是货真价实的珍品，具有很高的文物价值、历史价值和艺术价值。

2010 年，故宫博物院经过 7 年文物清理、著录，统计结果是：

故宫博物院藏品总数：1807558 件。其中：珍贵文物，1684490 件；一级品，8873 件；一般文物 115491 件；标本 7577 件。

故宫博物院保存的 180 万余件文物，有许多都是世间孤本和罕有的珍品。

书画方面，几乎历代重要的名人书画墨迹，在故宫博物院都有收藏。这些代表人物，主要包括：五代时期的大画师杨凝式，宋代从太宗至徽宗的几位皇帝，苏、黄、米、蔡四大家和宋初的李建中、林逋，宋末的张即之等；元代不过 90 年，可是书画大家辈出，人才济济，前有赵孟頫、鲜于枢、邓文原，后有康里巎巎、周伯琦、张雨、杨维桢、王蒙；明清时代，书画繁荣，名家大师犹过江之鲫，明有张弼、陈献章、李东阳、祝允明、文徵明、王宠、董其昌、倪元璐、傅山、王铎，清有金农、郑燮、邓石如、何绍基、赵之谦、康有为等等。

这些历代书画大师，都有自己的独特风格和成名佳作，令人敬仰。宋太宗雄才大略，治理国家有条不紊，对于书法艺术却情有独钟。宋徽宗更是一代艺术天才，独秉天赋，标新立异，创立了一种笔法瘦硬的书体，人称"瘦金体、瘦金书"。

宋初的李建中、林逋保持着盛唐的遗风流韵，李氏的笔法，清丽圆润、姿态横生，林氏的风格则是无尘俗气、瘦硬通神，林南李北，李肥林瘦，书风各异，南北呼应，人称南林北李。

宋代文人书画四大家，首推苏轼。这位四川天府之乡滋养出来的大才子，天赋高，积学深厚，心灵手巧，心手相应，笔法如行云流畅，气象万千，堪称当朝第一人也。苏轼在谈到他的书画时说："我书意造本无法，点画信手推求。一切顺其自然，师法天地也。"

四大家之黄庭坚，以擅长楷书、草书闻名天下。他的书法，内敛外张，沉着雄浑，气势跌宕，犹如笔走龙蛇，睥睨天下。米芾则是以天赋奇高和性情不羁而折服士林，他的笔迹超逸绝尘，自由放浪，犹天马行空，仙游林海，舒展而飘逸。四大家之蔡氏，本来是书法奇才的宰相蔡京，因为他的人品低劣，为世人不齿，就以蔡襄代之。对于蔡京之书画才华，只能叹息，书为人掩也者！

赵孟頫是元代书坛盟主，以独特的书法绝艺称霸天下。赵氏是一位多才多艺的才子，能书、能画、能文，书法上宗唐师晋，用力极勤，其篆、籀、分、隶、真、行、草书，无不冠绝古今，形成独树一帜的赵体书风。鲜于枢则以行草见长，他自视甚高，自称："把笔离纸三寸，取其指实、掌平，虚腕，法圆转，则飘逸纵之，体自绝出耳！"

故宫博物院所藏历代书画名迹，也是历代书画的精品，许多都是稀世孤品。

（六）故宫古籍珍藏

　　故宫博物院图书馆部分善本装箱南迁以后，图书馆继续清点和整理清宫遗存下来的古书，并重建了善本书库。

　　图书馆着意选择明代刻本和书品较佳的抄本入充库房，包括经、史、子、集、丛书五大部分，合计 11600 余册，重建图书馆最为重要的善本库。

　　殿本书库，清宫武英殿刻本原库书籍如数装箱南迁，库中只留下了一些抄本。于是，图书馆从复本书库和经、史、子、集各库中挑选殿本的复本书籍，重建殿本书库，共有 16600 余册。

　　图书馆在重建善本书库和殿本书库的同时，也着手重建其余各大书库。各大书库虽有一部分挑选装箱南迁，但仍有丰富的库藏：经部书库 9400 余册，史部书库 30100 余册，子部书库 11300 余册，集部书库 13800 册余册。合计善本、殿本、抄本、经、史、子、集、丛书、佛经、道经等各书库藏书，共有约 30 万册。

　　故宫博物院的现藏古籍珍本，十分丰富，仅孤本珍品就有：

　　《般若波罗蜜多心经》，清康熙年御笔白绫写本，原藏太和斋；《般若波罗蜜多心经》，清乾隆三十三年御笔菩提叶写本，原藏毓庆宫；《金刚经》，清乾隆十一年御笔楷书卷轴；《妙法莲华经》，清乾隆十四年御笔泥金写本，原藏乾清宫；《药师琉璃光如来本愿功德

元 赵孟頫 双松平远图

经》，清康熙四十九年御笔写本，原藏养心殿；《无量寿经》，清乾隆二十六年御笔泥金写本，原藏寿康宫；《大方广圆多罗了义经》，清乾隆四十二年御笔写本，原藏缎库；《度一切诸佛境界智严经》，清乾隆年御笔写本，原藏乾清宫；《宫藏金经》，清乾隆四十六年泥金写本，原藏养心殿；《高上玉皇本行集经》，清康熙御笔写本，原藏养心殿；《金刚寿命经》，清泥金藏满蒙汉四体文合璧本，原藏皇极殿；《妙法莲华经》，清乾隆四十四年永瑢泥金写本；《药师琉璃光如来本愿功德经》，清乾隆二十八年梁诗正泥金写本，原藏宝蕴楼；《佛说大阿弥陀经》，清乾隆年于敏中精写本，原藏乾清宫；《佛说观无量寿佛经》，清乾隆年万寿祺泥金写本，原藏乐善堂；《佛说无量寿经》，清乾隆刘纶泥金写本，原藏永和宫；《满文大藏经》，清乾隆年朱文精印本；《密宗修习法图解》，清乾隆年内府藏汉文彩绘本，原藏养心殿；《万寿圣生图》，清乾隆年罗学旦篆书泥金写本；《万寿衢歌乐章》，清乾隆年彭元瑞精写本；《御制盛京赋》，清乾隆弘历撰，清乾隆年曹文埴精抄袖珍本；《万寿无疆赋》，清光绪三十年陆润庠精写进呈本等等。

2010 年，故宫博物院文物大清理，图书馆统计结果是：图书馆 19 库房，收藏善本古籍、书版共计 603065 册。

善本：225268 册。8 个库房，善本书 222014。

其中殿本库 39913 册；明清刻本 23466 册、图样 2580 张；抄本

元 赵孟頫 双松平远图（局部）

24884 册、戏本 11506 册、陈设档 724 册、御笔写经 2308 册、臣工写经 1294 册；舆图库 326 幅；复本库 34393 册、残本书 16864 册；民族文字库 22563 册；宗教库 28283 册；地方志库 15816 册、过火经 245 夹（捆）、过火经版 348 块。全部共 222014 册、过火经版 348 块、舆图 326 幅、图样 2580 张。

入选国家珍贵古籍名录：第一批，入选 29 种；第二批，申报 84 种，入选 67 种；第三批，申报 87 种，入选 47 种；第四批，申报 15 种，入选 4 种。

宫廷书版：244107 块。东北角楼、西北角楼总共容纳 35186 块经版，西南角楼 16395 块经版，3 个角楼库房共藏贮经版 51851 块。

其中满文大藏经版 41932 块，蒙文经版 9649 块。戏衣库各类书版 192526 块。其中普通书版 140 种，154676 块，大藏经残版 890 箱，5694 块，资料版 18 箱，488 块，资料残版 2256 箱，22988 块，糟朽版 74 箱，2496 块，过火护经残版 31 箱，185 块，铜版 5995 块，石版 4 块。共有书版 244107 块。

另图书馆普通古籍书库，登记在册图书，主要包括：线字号古籍，180819 册；志字号古籍新印本，共 3327 册。

（七）北返国宝秘籍

就北返故宫国宝秘籍，曾询问故宫博物院文物处处长梁京生，他是故宫文物方面的资深专家，家中先后有五代人默默献身于故宫博物院事业。梁京生说："南京存留文物，先后有三次北返，但档案不全，数量不准确。"

仔细查阅这个时期的档案，只发现有两次较大规模的文物北返，一次是1950年，一次是1953年。

1950年，从南京北返了一批珍贵文物，其中，属于图书馆的是86箱，包括藏文写本《甘珠尔经》48箱、96函，满文《大藏经》38箱、76函，以及珍稀的内府《舆图》。

1950年夏初，故宫博物院将南京分院北返的《甘珠尔经》等秘籍，进行开箱清点。

5月23日下午，总务处第一科奉命清理，开箱至上字第585号（故博字1023号）时，惊奇地发现：箱内有一包割断之物，是捆经书用的五彩丝带！

在场众人大惊，立即打开包袱，再次惊奇地发现：上下护经板内精美佛像周围的镀金佛光和镶嵌的七宝珠宝，竟然不翼而飞了！

故宫博物院图书馆十分重视，立即调查，并将情况马上上报院长：

查还京之《甘珠尔经》，本馆现已开始开箱清查、整理，于五月二十三日下午，开至上字第585号箱（即故博字1023号），箱外一九五〇年一月十一日封条未破，箱内发现一包有割断捆经丝带者。当即由在场职员二人、工友六人，会同打开包袱夹板，详加查看，见上下经板内，佛像周围之镀金佛光及镶嵌七珍皆缺少，并有五八五三字白纸条一小张，又原贮第四箱字样一小条，及干树叶一片。

与其他已开各册情形不同，原箱上贴有民国廿九年五月二日严庆熠签字的本院封条，及民国廿二年三月十七日及廿八日本院封条各一张，已残破，理合签呈具报，敬祈鉴察，谨呈院长。

故宫博物院院长马衡十分重视，当即批复：抄寄分院，查明当时组单并记录具报！

故宫博物院马衡院长对这件奇怪的事件感到不解，立即询问有关负责人员欧阳道达。欧阳回忆整个细节，答复信函很快送呈马衡院长：

叔平先生道席，关于上字五八五号箱捆经丝带有割断情形，据达记忆，似有二三箱，曾与伯华兄谈过。据彼见告，乃八国联军所为。现查各项记录，均未之详。窃思伯华所说，必有依据，当不致向壁虚构……想图书馆当日提集该藏经时，当有记录，而为伯华而曾见者，或伯华即系提集之经手人？不过，此种情形，不便列入呈复，恐涉道听途说之偏差。

故宫图书馆随即组织专家，仔细清点、检查，既然检查上字585号，也随即检查上字516号（故博970号）和上字520号（故博973号）。

上字516号是故宫南迁珍本之珍字402号文物2件：《清刻本乾隆译满文大藏经》之《大般若经》第五卷，1函，552页；第六卷，1函，534页。

上字520号是故宫南迁珍本之珍字429号文物2件：《清刻本乾隆译满文大藏经》之《大般若经》第九卷，1函，634页；第十卷，1函，640页。

1950年6月5日，故宫博物院南京分院奉院长之命后，也立即组织人员进行检查、核对，仔细查阅有关记录，针对箱件出现的各种情况，一一解释，包括箱件的封条、严氏签字封条、三字白纸条、五字小条、树叶等等情形，一并详细向马院长进行汇报：

顷接本院总务处第一科一九五〇年五月廿五日发文，总壹字第三六〇号笺函通知，关于上字第五八五号箱捆经带有割断等情形。奉院长指示，着分院查明当时组单并记录具报。

遵经检查旧卷有关该箱各项记录，兹撮要具报于次：

该箱属第三批南迁文物，于1933年即民国廿二年三月廿八日，由北京启运。箱上原贴有民国廿二年三月十七日及廿八日本院封条，自系南迁启运前所加封。

箱上民国廿九年五月二日严庆焜签字封条，乃西迁乐山安谷期间，在第三库出组检查潮蛀，施以晾晒时，组长所加封。

"五八五"三字白纸条，乃晾晒时用以标识文物，由某号箱所提出来，俾于晒干后核对装箱，以免淆误。

"原贮第四箱"小条，当系南迁前由该藏经原贮处提集时所附加记载。

安谷库房院落，均植有花木。干树叶一片，当系晾晒落叶，出组组员未及注意清除而留存于箱内者。

查西迁文物开箱统计，该箱在沪点收后，仅于一九四〇年即民国廿九年五月二日，为检视潮蛀，曾经开过一次。开箱记录中，列载该箱字号下，仅有"微潮"字样，不及其他。

存沪文物点收清册，系按类总记，见廿一（上五三九号）备考栏，而非如沪字号箱分箱详注，故于带断情形，亦未详及。

就分院现藏旧卷所能查到者，略陈如上。此外，如图书馆提集该藏经时记录、南迁装箱记录，以及南迁清册等，均可作覆按稽考，拟请饬由图书馆方面分别查报。

有了这份综合报告，马院长悬着的心，终于可以放下。

马院长在南京分院报告上，行书批示：交图书馆，查点查报告、提集等记录、南迁装箱记录及南迁清册。

故宫博物院图书馆奉院长之命，也积极检查、核对，查阅有关记录、档案，历时一个多月，一切方才查得水落石出。

1950年7月11日，故宫博物院图书馆将查阅的结果，会同有关档案、清册，以正式报告送呈马院长，主要回答四个问题：一是北运回到故宫的秘籍数量以及霉伤情况，二是缺失的佛光、嵌七珍数量，三是慈宁花园档案房档案，四是18函经卷经带被割断的原因：

　　查上次北运文物，属于我馆者计八十六箱，业于五月中开始清点、整理，至六月中完成。其中，藏文写本《甘珠尔经》四十八箱，九十六函（原装五十四箱，一百〇八函，尚缺六箱，十二函），三万〇七百一十七页。系两面漆地金书，因存在南方年久，受潮生霉，颇为严重（在民国廿四年存沪文物点收清册上，注有"霉伤"字样，可见已潮霉多年）。故此次清点时，发动员工八人，分为四组，将此项经卷逐页小心擦去水湿霉痕，防止霉烂。

　　《满文大藏经》三十八箱，计七十六函（原装五十四箱，一百〇八函，尚缺十六箱，三十二函），三三七一六页，亦有同样情形。均经逐页揭开透风，顺序整理，工作相当繁重困难。

　　又查，《甘珠尔经》装潢富丽，每函上下梵夹内，均有铜镀金佛光、嵌七珍。此次清查，计缺佛光、七珍者，十五函，均经分别详注目内。

　　其残缺的原因，亦经查出。清光绪廿七年，慈宁宫花园档案房的记载：

　　光绪廿七年，皇太后回銮后，九月初一日，派遣总管李莲英至临溪亭拈香毕，并查点各殿陈设，以及慈荫楼，楼上经包，经庚子兵乱，已经脱落在地等情，业经奏明。奉太后懿旨：著本处首领太监会同该管官员等将该经包照旧包放原处，钦此。本处档案房特记。

　　原条二纸；以及民国廿年四月十二日，由慈宁宫花园提来藏文《甘珠尔经》，当时所造目录册后，注明：以上共一百〇八函内18、24、30、34、35、39、40、41、42、45、46、47、48、52、53、54、60、66函，原存慈宁宫花园慈荫楼内，提时，原包丝条割断，破坏不堪。今已整理，照原样包妥，陈列于英华殿西庑等句。

　　根据这两项记载可知，被割断破坏者，除此十五函外，尚有三函，当在未运回的六箱之内。所有开箱清查、整理手续及有无残缺情形，理合备函据实说明，连同查点藏文《甘珠尔经》清册、满文《大藏经》

清册，各二份，送请转呈院长核阅，分别存转为荷。此致总务处。附清册四本。

从南京北返故宫博物院的流失宫外国宝秘籍，除了藏文《甘珠尔经》、满文《大藏经》外，就是一批十分罕见的舆图、照片和宫廷用品，是南迁时伟字号和寓字号的精品文物，十分珍贵。

这批珍贵舆图，主要包括：

《一营操演图说》，10张。《陆军会操全图》，6张；《彰德府陆军会操图》，6张；《大理院衙署图》，5张；《中俄交界全图》，5册；《直鲁豫黄河图》，4册；《地图》，2轴；《洋工江海全图》，1套；《广西沿边中越交界图》，1张；《查勘陕西达汉口运道图》，1张；《赣汉铁路图》，1张；《宣统三年开平大操图》，2张；《太白山庙图》，1张；《黄河堤工图》，1张；《卫藏舆图》，1张；《郧阳等处地方图》，1张；《轮船机器总图》，1册；《万国红十字会图说》，1张；《东三省铁路图》，1张；《福建城东支港纵断面设计图》，1张；《徐淮海河工图》，1册；《全国行盐区域图说》，1册；《湖北汉阳钢铁厂照片》，1册；《沿海七省口岸险要图》，1册等。

照片主要有：

《溥仪像》，2张；《溥仪妻妾像》，4张；《溥仪妻妾像》，16版；《溥仪妻妾等作品》，25版；《舒景安小像》，1张；《灾民照片》，1册等。

宫中用品主要是：

骨筹码，392个；象牙麻雀牌，164张；竹骨麻雀牌，152张；纸牌，30包；纸牌，17包；牙牌，2件；绿头牌，1件；升官图，1份；纸牌木板，1块；骨赌具，76件；象牙骨牌，32张；象牙骨牌，32张；象牙骨牌，32张；象牙骨牌，32张；国书，2张；国书，1张；国书，1张；国书，1袋；永和宫银牌，35件；三镶如意，1柄；象牙筒，1件；镶螺钿木盒，1件；玻璃小镜，1件；铜烟袋，1件；针，4支（骨质

3支，金质1支，附小镜1个）；木变石，1块；天降石，1根；黑碎石，1袋；空青石，1件；羊肚石，1件；试金石，3块；木变石，10块；土旋石，10块；铁流星，1件；象牙筒，1件；石鹿，1件；紫土，1袋等。

1932年南迁的故宫所藏宫中档案，运往台湾的是197箱，1950年北返故宫博物院的是235箱，仍旧存放在南京的是2771箱。

1953年1月，故宫博物院计划将存放于南京的2771箱文物，运回北京。

1953年1月11日，故宫博物院正式行文，拟将南京文物北迁：

查我院所藏档案：一部分在一九三二年南迁，除一九五〇年北返二三五箱，及劫去台湾一九七箱外，现存于南京者，据查，尚有二七七一箱。

兹据档案馆称：这一部分，同是清代中央机关的档案，割裂存放，实属两伤。急应合并，做有系统之整理等语。惟箱数逾千，是否可以计划一并运回。谨报请鉴核。

报告送呈文化部社会文化事业管理局，局里的批文很快就下了：数量太大，暂时不必运回。

1953年3月，故宫博物院要到南京提选文物，再次向社文局提出报告，想将存放南京的军机处汉文档案运回，特别是军机处中的随手登记档，那可是所有大臣奏折和皇帝批复、上谕的总目。"据我院档案馆称，一九五〇年间，还京的档案，并不齐全，同类亦多遗漏，以致在编目上搜集材料上均感不便，尤其是军机处档册中的随手登记档，是当时所有奏折、上谕之总目，有此目录颇便利用。兹拟将现存南京分院的军机处汉文档册等六十七箱，趁南去选提陈列文物之便，一同检出，一并运回北京等语，文物迁运，谨报请鉴核批示！"

在档案馆主任沈士达的报告中，还有一个附件，就是应该运回的军机档案清单：

军机处汉文档册，40 箱；军机处汉文折包，3 箱；军机处满文折包，1 箱；军机处汉文图书，3 箱；宫中朱批奏折，20 箱。

以上均存南京，共计 67 箱。以上各类，尚有 76 箱运存台湾。

4 月 20 日，这批 67 箱珍贵宫中秘籍运回北京，入藏故宫博物院。

（八）两岸故宫书画收藏比较

清宫旧藏书画方面的古物，包括书画、碑帖作品，大约有 15 万余件，故宫博物院收藏有 14 万余件，台北故宫博物院收藏有 1 万余件。以纸本、绢本画为主，包括手卷、卷轴、贴落、屏条、屏风、扇面、扇页多种形式。在乾隆时期，清宫书画方面的收藏已经超过了 10 万件。其中，唐、宋、元珍贵书法、绘画 1000 余件，明代书法、名画 2000余件。

两岸故宫博物院收藏，基本上反映了乾隆时期的鉴藏水平。十分遗憾的是，许多乾隆皇帝鉴藏的珍品，因为各种历史原因，由两岸故宫博物院分别收藏。

最有名的就是乾隆皇帝醉心观摩的三希，一直珍藏在乾隆皇帝生活了 64 年的养心殿三希堂。如今，台北故宫收藏三希之一的晋王羲之《快雪时晴帖》，故宫收藏另两希，晋王献之《中秋帖》、王珣《伯远帖》。王献之的《中秋帖》，目前争论较为激烈：书画家谢稚柳认为是宋人所书，鉴定大家启功、徐邦达认为是画家米芾临摹之作。

20 世纪 30 年代，故宫博物院第一任院长易培基盗宝冤案，闹得沸沸扬扬。画家黄宾虹以著名书画鉴定家的身份应邀鉴定书画，他将宋徽宗《听琴图》、马远《踏歌图》鉴定为明代书画，一大批作品因此单独封箱，留存了下来。这批已经出宫的南迁文物珍品，得以回到故宫。台北故宫所藏名画，也有几件争论较为激烈：唐怀素《自叙帖》，此帖在台北故宫，其原包装盒却留在故宫。这件唐怀素的作品十分珍贵，也有人质疑它是否是真迹。

台北故宫书画精品：

东晋王羲之《快雪时晴帖》。

唐李思训《江帆楼阁图》，唐韩幹《牧马图》，唐周昉《内人双陆图》，唐人《宫乐图》，唐李昭道《明皇幸蜀图》。

五代人《丹枫呦鹿图》，五代赵喦《八达春游图》，五代后蜀滕昌祐《牡丹图》，五代南唐顾闳中《韩熙载夜宴图》，五代南唐人唐希雅《古木锦鸠图》。

宋米芾《蜀素帖》，宋徐熙《玉堂富贵图》，宋李成《寒江钓艇图》，宋燕文贵《奇峰万木图》，宋赵昌《写生杏花图》《岁朝图》，宋范宽《溪山行旅图》《秋林飞瀑图》，宋文同《墨竹图》，宋李公麟《丽人行》，宋李唐《万壑松风图》，宋李迪《画狸奴小影》，宋郭熙《早春图》，

唐 怀素 自叙帖

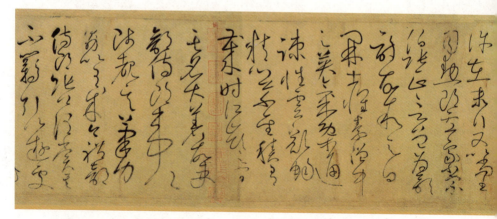

唐 怀素 自叙帖（局部）

132

宋苏汉臣《秋庭婴戏图》，宋人绘《婴戏图》《扑枣图》《秋荷野凫图》《种瓜图》《花蓝图》。

元赵孟頫《鹊华秋色图》，元李容瑾《汉苑图》，元陈琳《溪凫图》，元高克恭《云横秀岭图》，元赵雍《骏马图》，元黄公望《九峰珠翠图》《富士山居图》，元朱叔重《春塘柳色》，元王蒙《溪山高逸图》。

明唐寅《关山雪霁图》，明吕纪《杏花孔雀》，明仇英《秋江待渡》《水仙蜡梅》，明边文进《春花三喜》，明陈宪章《万玉图》，明孙克弘《朱竹》，明吴彬《文杏双禽图》。

清王翚《秋林图》，清恽寿平《花卉山水》，清乾隆《御笔诗经图》，清乾隆御笔《冰嬉赋》，清郎世宁《聚瑞图》，清沈源《画御制冰嬉赋图》，清高其佩指画《庐山瀑布图》，清刘墉《书无量寿佛赞》，清张照临米芾《蜀素帖》，清蒋溥《画御制塞山诗雾诗意图》，清陈枚等《清明上河图》等。

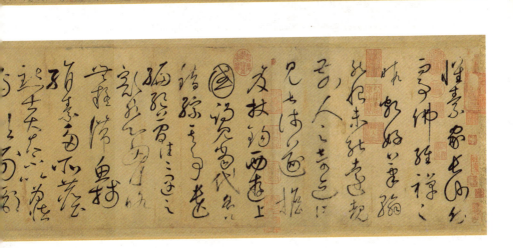

故宫书画精品：

五代杨凝式，《神仙起居法》墨迹卷。

宋李建中，行书《同年帖》；宋林逋，行书《自书诗卷》；宋苏轼，行书《新岁展庆帖》《题王诜诗跋》《人来得书帖》和《墨竹》真迹卷；宋黄庭坚，草书《诸上座帖》、行楷《诗送四十九侄》；宋米芾，行书《苕溪诗卷》《粮院帖》；宋赵子固，《墨兰》真迹卷；宋徽宗，楷书

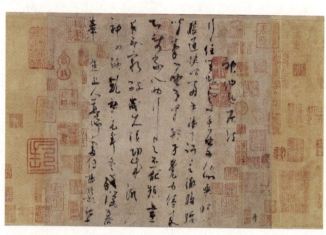

五代 杨凝式 草书神仙起居法

东晋 顾恺之 洛神赋图

东晋 顾恺之 洛神赋（局部）

《闰中秋月诗帖》；宋陆游，行书《尊眷帖》；宋张即之，行书《台慈帖》。

元赵孟頫，行书《杂书三帖》、小楷《老子道德经》和《绝交书》真迹卷；元鲜于枢，行书《秋兴诗》、草书《杜诗魏将军歌》；元虞集，行书《白云法师帖》；元康里巎巎，草书《奉记帖》；元杨维桢，行书《城南唱和诗》；元周伯琦，楷书《通犀饮卮诗帖》；元王蒙，行书《厚爱帖》。

明解缙，草书《自书诗卷》；明张弼，草书《赠词友》轴；明陈献章，草书《大头虾说》轴；明李东阳，草书《甘露寺诗》轴；明祝允明，行楷《饭苓赋》轴；明文征明，行书《五律诗》轴；明倪元璐，行书《七绝诗》轴。

清王铎，草书《录语》轴；清朱耷，行书《七绝诗》轴；清王翚，《雪江图》真迹卷；清康熙，行书《柳条边望月》；清雍正，行书《夏日泛舟》轴；清张照，行书《七绝诗》轴；清郑燮，行书《七律诗》轴；清乾隆，行书《麦色诗》轴；清刘墉，行书《七二首诗》轴；清林则徐，行书《论书》轴；清翁同龢，行书《赠叔芾》轴；清康有为，行书《七绝诗》轴等。

东晋 顾恺之 洛神赋（局部）

唐 周昉 戏婴图

唐 李昭道 明皇幸蜀图（传）

佚名 唐人宫乐图

唐 韩幹 照夜白图

唐 韩幹 照夜白图（局部）

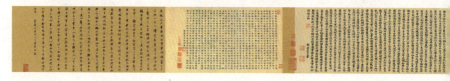

唐 颜真卿 祭侄文稿

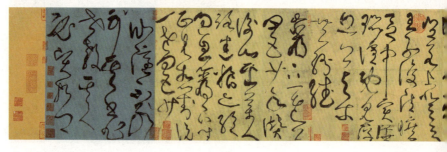

唐 颜真卿 祭侄文稿（局部）

138

唐家畫馬稱將軍弟子入室
惟幹是道所重在傳神
亦如三鼠鬧生面騣裹髹
稱妙手駑駬呈汙筆硯
霧嘗見取照夜白幹太府
之非杜老畫肉非相訕惜牽
承擇師己不屑牽舟待久
煉鑛多會萬迎嚴白真坐
姫嬪多會萬迎嚴天潤
夜白亦水梨花澗月殷湲泉
營奉摰祿煬瀾山每侍臨
先家曾時彭樂己蕭條炯
戒詎惟標夢司牧圍鴒見
龍性昂首似悄靈坐戰試
看受勒不受勒妙偶己蚤滯
興半分俯挹堂馬能每
對驥辯悵木雁
乾隆丁卯暮春之初御題

唐 韩幹 照夜白图（局部）

五代　荆浩　匡庐图

五代 董源 溪岸图

北宋 李公麟 西园雅集图

北宋 李公麟 西园雅集图（局部）

北宋 郭熙 树色平远图

北宋 郭熙 树色平远图 （局部）

北宋 许道宁 渔父图

北宋 黄居寀 山鹧棘雀图

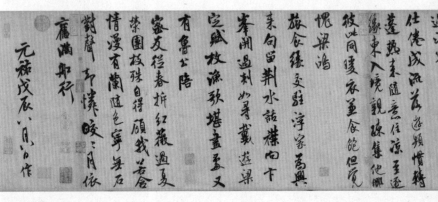

北宋 米芾 苕溪帖

北宋 米芾 苕溪帖（局部）

北宋 苏轼 黄州寒食帖

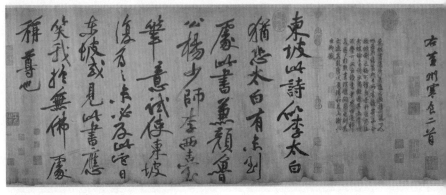

北宋 苏轼 黄州寒食帖（局部）

将之苕溪戏作呈
诸友　襄陽漫仕黻

松竹留因夏溪凉去為
秋久春白雪詠更慶家
菱蒻綿綿會主鱸堪箏
圍金橘滿洲水宮無限
景載與謝公遊
半歲依依竹三時看好
花懶傾惠泉酒照盡
磐源茶主席多同好群
峯伴起故巢嵩
簡便起故巢嵩
　　　余居半歲
話苦載酒不輒而余以暇每約兰膌
清話而已復借書劉李周三姓
好懶難辭友知窮里自念
通貧非理是拙病覺養心切

雪堂
餘韻

自我來黃州 已過三寒
食 年年欲惜春 春去不
容惜 今年又苦雨 兩月
蕭瑟 臥聞海棠花泥汙
浮燕支雪闇中偷負
去 夜半真有力 何殊少
年子病起頭已白

春江欲入戶 雨勢來不
已 小屋如漁舟 濛濛
水雲裏 空庖煮寒菜
破竈燒濕葦 那
知是寒食 但見烏銜
紙 君門深九重 墳墓
在萬里也擬

北宋 黄庭坚 寒山子庞居士诗

北宋 佚名 番骑图

北宋 佚名 番骑图（局部）

北宋 李公麟 五马图

148

我見黃河水
見經幾度清
水流如激箭
人世各浮萍
齋屬為煩惱
業愛為根本
阮輪迴幾許
劫不解了元明
世狂癡半有
寒山出此語嘩
事對面說而
如是人愁心真
語無直直語
無背面君看
渡河誰是
暹羅雅漢

北宋 李公麟 西岳降灵图

北宋 李公麟 西岳降灵图（局部）

北宋 米芾 云山图

北宋 米芾 云山图（局部）

北宋 李公麟 西岳降灵图（局部）

北宋 米芾 云山图（局部）

151

北宋 李公麟 会昌九老图

北宋 李公麟 会昌九老图（局部）

南宋 李唐 晋文公复国图

南宋 马麟（传）雪梅图

南宋 佚名 婴戏图

南宋 苏汉臣 秋庭戏婴图

元 黄公望 九峰雪霁图

元 黄公望 丹崖玉树图

157

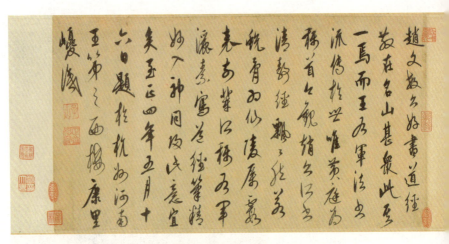

元 赵孟頫 常清静经

明 仇英 汉官春晓图

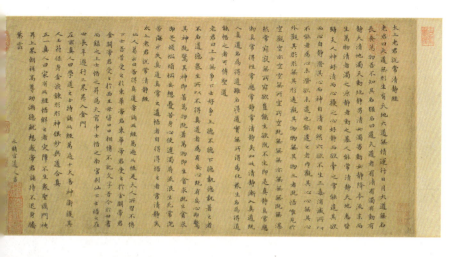

太上老君說常清靜經

老君曰大道無形生育天地大道無情運行日月大道無名
長養萬物吾不知其名強名曰道夫道者有清有濁有動有
靜天清地濁天動地靜男清女濁男動女靜降本流末而
生萬物清者濁之源動者靜之基人能常清靜天地悉皆
歸夫人神好清而心擾之人心好靜而慾牽之常能遣其
慾而心自靜澄其心而神自清自然六慾不生三毒消滅所
以不能者為心未澄慾未遣也能遣之者內觀其心心無其
心外觀其形形無其形遠觀其物物無其物三者既悟唯見
於空觀空亦空空無所空所空既無無無亦無無無既無
湛然常寂寂無所寂慾豈能生慾既不生即是真靜真常應
物真常得性常應常靜常清靜矣如此清靜漸入真道既
入真道名為得道雖名得道實無所得為化眾生名為得道
能悟之者可傳聖道

老君曰上士無爭下士好爭上德不德下德執德執著之者
不名道德眾生所以不得真道者為有妄心既有妄心即驚
其神既驚其神即著萬物既著萬物即生貪求既生貪求
即是煩惱煩惱妄想憂苦身心便遭濁辱流浪生死常沈
苦海永失真道真常之道悟者自得得悟道者常清靜矣

太上老君說常清靜經

仙人葛玄曰吾得真道曾誦此經萬遍此經是天人所習不傳
下士吾昔受之於東華帝君東華帝君受之於金闕帝君
金闕帝君受之於西王母西王母皆口口相傳不記文字吾今於世書
而錄之上士悟之昇為天官中士修之南宮列仙下士得之在
世長年遊行三界昇入金門
左玄真人曰學道之士持誦此經者即得十天善神衛護其
身然後玉符保身金液煉形形神俱妙與道合真
正一真人曰家有此經悟解之者災障不干眾聖護門神
昇上界朝拜高尊功滿德就相感帝君誦持不退身騰

明 仇英 汉宫春晓（局部）

六、第一任故宫博物院院长涉嫌盗宝案真相

（一）爆炸性新闻

1932 年 11 月 13 日，北平各大报刊突然在显要位置报道了一则爆炸性的特大新闻："故宫博物院第一任院长易培基涉嫌盗卖宫廷古物珍宝！"粗黑体的大标题，特别醒目。无疑，这是一则骇人听闻的特大新闻，北平哗然，中外震惊。国内外各大新闻媒体纷纷报道了这条消息。人们在震惊之余，不免感到困惑：这是真的吗？故宫首任院长盗卖宫廷古物，那不是全挑最好的？盗卖的古物珍宝在哪里？

感到最为震惊的无过于埋头于各项工作的故宫博物院的专家、学者和工作人员。他们首先是感到震惊，接着便是疑惑不解，再接着就是不相信——故宫博物院的所有宫廷文物，从保管、提取到装箱，都有一套严格的监督措施和工作制度，不可能会发生盗卖古物的事件；他们所熟知的易院长是位有道德、有责任感的学者，他不可能干这种卑鄙的勾当。

然而，事态的发展令人迷惑和惊骇，盗宝案也日渐明朗，所有的迹象都在表明：盗宝案是真的，易院长难逃其责！

（二）冤案起因

事实上，这是一起旷世罕有的冤案。易院长蒙受了不白之冤，最后却因申诉无门，含恨而逝。这起盗宝案的起因，是故宫处分（处理）库存中多余而确实无用的物品。人们的印象中，宫里的东西都是真的，是最好的，这实在是个误解——由此导致的直接结果便是，每次故宫一处分（处理）物品，便会招致社会各界的关注，媒体兴风作浪，电话质询不断，从故宫成立至今，一直是如此；也正是因为这个误解，导致了法院封存了一些"假文物"，视为易院长盗卖古物的"罪证"，使这场"冤案"得以成立。

故宫博物院成立后，一直由专家、学者带队，逐殿清点文物，

清室善后委员会 便函

而有相当数量的宫廷遗物不是文物，没有必要留存宫中——比如金砂、银锭、茶叶、绸布、药品、皮货等等，有的存放了数十年、上百年、几百年，必须要作处理。易培基1929年3月任故宫首任院长后，于4月10日便由理事会讨论后通过决定，将这些宫中遗物作价处分（处理）。故宫博物院呈请南京国民政府，很快获得了批准。

当时，院里各项业务和行政工作千头万绪，一时还顾及不到处理多余遗物。到1931年夏天，即国民政府批准处理多余物品一年以后，

易院长指示由秘书处、总务处专人负责以招标和零售方式第一次处分宫廷遗物，出售了库藏数量最多、最占库房却又不易保存的茶叶、绸布、皮货等。两个月后，故宫第二次处分库藏余物，包括金钞、金叶、银锭、药材以及英国英镑等物。两次处分宫廷无用遗物均很顺利。一年以后，即1932年7月至8月，第三次处分宫藏金质器皿。先后三次出售，共售得39万元。

　　故宫博物院从清室善后委员会以后一直的传统是一切从文物着眼，一切为了文物的安全，这一原则至今还保留着。对待宫藏物品，先由专门委员作出鉴定，登记造册，再分类保存。即便是处分库藏无用的多余物品，也有一套严格的制度和监督措施：设立临时监察委员会，由多方人员组成，严格监督所有处分物品从库房到售出的全过程，每一件物品都要经过监察委员会仔细鉴定、点查、验收、放行。

　　故宫博物院理事会和专门委员会在确定处分多余、无用物品时，十分谨慎小心，反复讨论和界定"多余"和"无用"的范围，制定了处分细则，然后再按这些细则行事。原则上，即便是库存量极大，凡清文宗咸丰年间以前的所有金质器物，无论有无年款、纹布、残缺，都一律保留，不作处分；咸丰年以后的残破器皿，由监察委员会确认其价值，决定是否保留；所有凡是数量少，较罕见，花样特殊，质地独特的物品，均要保留。

　　据记载，故宫博物院工作细致，所有被确定作处分的物品，均分类

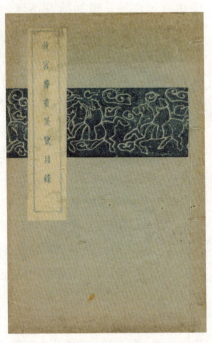

故宫出版之《故宫书画展览目录》

造册，编号，留下样品，保存备档；售出的资金，一律存入指定银行，作为故宫博物院基金。每次处理完毕，都刊印《故宫博物院处分无关文史物品经过概况》，分送有关机关、机构备查。

（三）匿名信指控易院长

1932年8月12日，故宫第三次处分物品结束。仅仅过了半个月，8月29日，一封匿名信便寄到北平政务委员会，信中指控易培基院长盗卖故宫古物。

这封匿名信无疑是枚重磅炸弹，人人感到震惊。消息不胫而走，很快沸沸扬扬，闹得满城风雨；新闻界一加入，更如火上浇油。

检举人是谁？故宫一些知道内幕的人士觉得，可能是崔振华。这一猜测也同样传得飞快。崔振华是位特殊的人物，精明强干，能呼风唤雨：她本人是国民党国民政府中央监察委员；她又是故宫博物院理事兼文献馆馆长张继的夫人。当时，故宫博物院主持院务工作的有三位常务理事：理事长李煜瀛，院长兼古物馆馆长易培基，国民政府中央监察员兼文献馆馆长张继。张继在故宫的身份、地位，可见非同一般。

故宫博物院的工作一直是被人看好的，尤其是那些有权有势的人物，都想把自己的子女、亲戚、家眷安排进故宫——这里有优美的环境，有丰富而珍稀的库藏，有永远稳定的职业，有可观的收入，谁会不想？中央监察委员崔振华便先后两次介绍自己的人到故宫工作。负责此事的是院秘书处秘书长李宗侗，李宗侗出于全面的考虑，只接收了一个，另一个被拒绝。崔委员恼羞成怒，恨死了李宗侗，继而迁怒于易院长——李宗侗是易培基的女婿。

在这种情形下，崔振华写匿名信告发，是再自然不过了。

这仅仅是故宫人的猜测，谁也无法印证。

北平政务委员会收到匿名信后，迅速做出了反应，在两天后的 8 月 31 日便开会通过了三项重要决定：第一，呈请中央拍卖故宫古物，购买飞机；第二，责令故宫博物院停售古物；第三，派员到故宫博物院，查看处分物品全案，查实院存基金数目。

这时，易培基院长正在南京。故宫博物院立即将这一意外而万分紧急的情况急电告知易院长。易院长感到意外和震惊，他立即于 9 月 1 日，发急电给军事委员会北平分会代理委员长张学良，请张学良一定设法阻止北平政务委员会的贸然行动。易培基在南京积极活动，四处奔走，设法制止北平政委会的荒唐决定。北平各界也纷纷指责拍卖故宫文物购买飞机的荒唐之举。故宫博物院的专家、学者、工作人员也坚决抵制。这样，拍卖故宫文物购买飞机的决议流产。

（四）监察院派员调查

但是，北平政委会的后两条决议很快得以实施。1932 年 10 月，南京国民政府通过决定，郑重派遣监察院监察委员周利生、高鲁等人组成调查组前来北平，进驻故宫博物院，调查处分物品情况。

一直被流言和传闻弄得晕头转向的北平人这才恍然大悟：原来盗卖案真有其事？这不立案调查吗？对此案已然麻木的故宫人也觉得心惊：原以为只是传言而已，不必当真，怎么国民政府还派调查组立案调查？人人都如入五里雾中，一头雾水。

调查了一月有余。监察委员周利生、高鲁仔细查看了处分物品、清册和一些宫藏文物。周利生随后召集了北平新闻媒体的记者，发表了重要谈话，谈话内容令记者们震惊——周利生指出，故宫出售金质器皿，是违反法令的，未经故宫理事会和中央行政院批准；其处理的金器大多是进贡宫廷的物品，成色很高，很有价值，而售价却极低；许多处理品，如金八仙碗等，都有历史、艺术价值，系文物珍品，不能出售。周利生最后宣布，他将以监察委员的身份，正式弹劾易培基。

11 月 13 日，北平各大报刊以显要位置报道了周利生的谈话。各大报刊显赫而令人震惊的标题都在无情地公布一个事实：故宫首任院长易培基盗卖故宫文物。

这一天，《申报》头版报道：

周利生发表谈话，说这次与高鲁奉监院之令来到北平，彻查故宫古物，负有两项使命，一是故宫变卖物品手续是否合法，二是变卖时是否舞弊？倘不合法或舞弊，即实施弹劾，否则亦将调查事实真相公布社会，以释群疑，并征询各方意见，向中央建议保管古物妥善办法。

高鲁说监院的工作职能有两种，一是惩罚，二是预防。周利生、高鲁既公之于社会，又将实施弹劾，这在客观上就是表明，经过调查以后确认盗卖古物案属实。

一时之间，舆论大哗。

这个时候，故宫博物院理事兼文献馆馆长的张继来到北京，以古物保管委员会主席身份在怀仁堂召集北平各大文化机关、团体负责人，商讨古物保管办法、古物保管移出和北平建成文化城三大议题。11 月 14 日，张继召集记者，谈保存古物案，说中央组织北平文化执委会，正研究保存古物妥善办法。

（五）弹劾书

一个月以后，1933 年 1 月 7 日，周利生、高鲁递交弹劾书，郑重向国民政府政务官惩戒委员会弹劾故宫博物院院长易培基售卖宫廷金器违法。弹劾书中，明确地说："关于盗卖古物一层，虽未查有确切证据，而出售金器一项，殊有违背法令之嫌。"

南京、北平众多报刊在显要位置报道了周利生、高鲁的弹劾书。

各地报纸也纷纷转载，连篇累牍地报道此事，使这一事件与当时围剿红军并列为两大新闻焦点。

1月9日，易培基面对舆论的种种非议、责难、谩骂、谴责，向国民政府递交了一份条理清晰的申辩书，叙述了故宫文物点查经过、多余物品处分过程等，阐明了自己的立场，申明了自己的清白，着重谈到了弹劾书中提到的金质八仙碗。他说：**此碗等处分物品，都是残缺品，是经监察委员们认定之后才作处分的，确系制作低劣、无历史艺术价值之物，许多系近世之作，而其他的一些处分品，并非是进贡宫廷之物，而是清宫内务府制造的。**

易院长强调指出，这些处分品定价很合理，各物均有标价可查，售出的款项全部充作故宫博物院基金，没有动用过一分钱用于发放薪水。

一波未平，一波又起。谁也没有料到后一波更为险恶，易培基院长惊得目瞪口呆。

1月11日，北平《快报》记者谢振翻联合各报社记者7人，向北平地方法院检察处递交了一封联名检举信，检举故宫博物院院长易培基，存在有严重的违法行动，主要有：渎职，背售，图利，擅自出售宫廷金器、绸缎，私自伪造故宫文物账目等。消息一出，舆论再次大哗。外国报刊、通讯社记者也关注此事，纷纷大量报道。

1月28日，北平地方法院检察处接受7名记者的检举，立案调查，并郑重致函故宫博物院，通知故宫答辩："谢振翻等告发贵院院长渎职，请按所告各节，提出答辩书，函送本院。"

易培基院长感到十分愤怒，可不知道该如何发泄。各报刊的指责和问难，铺天盖地，他感到有些难以招架，2月5日，易院长在报上发表文章，逐项驳斥无中生有的指责，申明自己的清白。

北平地方法院对易院长没有及时提供答辩书感到不满。2月24日，法院检察处再次致函故宫博物院，敦促立即呈交答辩书。易院长随之送上答辩书，逐项指出7名记者的所谓检举都是无中生有，是直接采自周利生的谈话内容，而周利生的谈话，本身就是"无稽之谈，附会牵强，以冀诬陷"。在这里，易院长首次很郑重地提出了"诬陷"。

北平地方法院觉得此事太重大了，有了故宫的答辩书，对 7 名记者也算有交代，便不再干预此事。然而，南京国民政府政务官惩戒委员会的加密急函却接踵而至。密函称："周利生弹劾易培基事，经监察委员萧萱、于洪起、高一涵等审查，认为应付惩戒，要求被付惩戒人于文到两星期内提出答辩书。"

易培基愤怒至极，但是，没有办法，必须在规定的时间再次送呈答辩书。由于种种原因，易院长没能在两星期内提供答辩书，而是在两周后的 3 月 26 日寄出答辩书给国民政府政务官惩戒委员会。书中详述了故宫文物点查的细节，宫藏多余物品的处分办法，这件荒唐盗卖案的前后经过等，指出这次处分物品，均经监察委员会认可，并监督了全过程，手续严密，没有任何舞弊行为，更没有私自盗卖宫廷文物、伪造账目之事，所有处分物品标价合理，售出的款项全部充作故宫基金，并使用正当。

答辩书中，在谈到这笔款项的使用时写道：时在日军逼近榆关、北平岌岌可危之时。为古物大举迁避，非有巨款不能成行……南运数至万箱，所用费用，财政部未出分文，纯赖此废金变价之数。

这件荒唐的故宫文物盗卖案，至此应该算是结束了。易院长的答辩全是事实，黑白如何能颠倒？

（六）最高法院立案调查

然而，无形中一只权力的巨手似乎一直在悄悄地控制着这个特殊的案子，随时都可能会风云突变。果然，5 月 1 日，南京最高法院检察官朱树森，带着办案人员书记员、法警一行人，突然来到故宫，俨然是最后宣判定案的架势。

瞬时之间，形势急转直下，故宫人都以为早该完全了结的荒唐盗卖案再次升温。人人都惊诧莫名，狐疑满腹。在国民政府中有相当地位、关系很广的易培基院长似乎也是无可奈何，忧心忡忡。朱树森一入故宫，马不停蹄，立即调阅总务处处分物品账册、清单、收据，查看故宫装箱物品和文物，开庭审理，传询有关当事人询问记录。一连忙了几天，朱树森感到很有收获，带走了有关的资料、账目，并带走了故宫会计课长程星龄。知悉内幕的人都在猜测，这一切全是在国民政府中关系网密布的张继、崔振华安排的，是他们夫妇在暗中操纵。人们不禁疑惑：张继不是故宫博物院理事会理事兼文献馆馆长吗？这样给故宫抹黑，究竟为什么？

故宫博物院的理事、委员们都是社会各界知名专家、学者，他们对最高法院检察官朱树森的行为很反感，很愤怒，觉得朱树森这样不分青红皂白，进入故宫开庭审讯，这是对故宫理事和委员们的侮辱，是对故宫的污蔑和践踏。5月3日，故宫理事们紧急集会，商议由德高望重的吴稚晖和故宫理事长李煜瀛2人出面分别给国民党主席蒋介石和行政院院长汪精卫就此事发拍密电，简明扼要地讲清这件事的经过，指出正当故宫珍品文物第五批南迁之际，最高法院派人进入故宫开庭侦讯，是不合适的。

密电中，这样写道："顷有自称最高法院检察官朱树森以天津高等法院介绍参观函来院。而到院以后调查文卷账目，携带法警，传集本院职员，临时开庭侦讯，声称奉有密令，不肯宣示案由。恐系前清余孽，蒙蔽最高法院，有意捏案控诉，以图阻止古物南运。恳迅予彻查，并告最高法院，勿为所蒙，以奋文物续运。"

宫廷文物精品装箱南运，是当时国民政府确定的故宫博物院最最重要的事情。这封密电将朱树森调查盗卖案与古物南运联在一起，真可谓用心良苦，因为如果真的影响了第五批文物不能如期起运，恐怕最高领导层就会过问此事，这最高领导层的中心人物自然就是蒋介石。

但这封密电因蒋不在南京而去了四川所以没有看到。

行政院长汪精卫看到密电后，立即将密电转交最高法院"检察署"检察长郑烈，让郑烈处理，切勿影响文物南运。郑检察长马上发封急电给朱树森。朱树森已离开了所住的北平长安饭店，电报局便将此急电送至故宫，由故宫转交朱树森。

（七）幕后人物张继

朱树森办完事后不再在故宫露面。故宫领导层读到了郑烈发送的明文急电内容，明白了这件盗卖文物冤案的一些内幕：神通广大的张继一直在南京操纵着此案，检察长郑烈是张继的好友，秉承张继之意直接插手这个案子，并很早就给此案定了性；吴稚晖、李煜瀛的密电郑烈已知其内容，电嘱朱树森缓办，切勿影响古物南运，以免蒋介石、汪精卫干预；让张继夫人崔振华介绍到故宫工作的尹起文到南京，显然是要进一步搜罗证据，策划陷害。

李煜瀛理事长、易培基院长恍然大悟，明白了张继是在借机报复，清算新仇旧账：当初研究故宫首任院长人选时，理事会曾推举张继为副院长，李煜瀛不屑于张继的人品，明白表示反对，易培基也反对，于是，1929年2月，国民政府只宣布易培基为院长，张继没能任命为副院长；心高气傲的张继一直不满于理事和文献馆长之职，但只能忍气吞声；这次文物南迁，张继认为好机会来了，曾建议文献馆文献南迁由他主持，迁移费2万元由他支配，但秘书长李宗侗坚决反对，张继未能如愿，发财梦又遭破灭。张继能不对李煜瀛、易培基、李宗侗恨之入骨？

吴稚晖知此内幕，怒不可遏。国民政府曾任命吴稚晖为中央大学校长、监察院院长，他坚决辞却。不居官位的吴稚晖从不惧怕权势，更见不得有人以权势压人、欺人、制造冤案。朱树森没有看到郑烈发来的电报，没有带严起文回南京，崔振华便再次来到北平。

吴稚晖得讯后，拿着郑烈的电报去当面质问崔振华。崔在吴稚晖锐利的眼光逼问下，承认了是她写信检举易培基盗卖文物，恼羞成怒的崔振华叫嚷：易培基不下台，绝不罢休！

张继听夫人诉说了吴稚晖的举动后，十分恼火，不久便飞抵北平，闯到吴稚晖家，质问他为何对夫人无礼？张继明白告诉吴稚晖，盗卖文物案他管定了，请吴日后不要再插手。吴稚晖怒火中烧，责骂张继无耻，两人差点动手开打。

（八）易院长被迫逃亡

第五批故宫国宝文物顺利南迁，运抵上海。

势力极大的张继完全左右了这起盗卖文物案，因为最高法院检察署检察长郑烈公开站在张继一边。1933 年秋，李宗侗辞去故宫博物院秘书长一职。随后，易培基向南京国民政府行政院和故宫博物院理事会提出辞去院长之职。

10 月 15 日，故宫理事会接受了易培基的辞职，并同意由张继荐举的故宫古物馆副馆长、北大教授马衡代理故宫博物院院长。

被冤屈压得喘不过气来的易培基走投无路，提出反诉，送呈国民政府中央监察委员会、司法行政部、行政院等，详细叙述冤案经过，指斥检察长郑烈假借司法独立之权威，朋比为奸，贿买人证，蓄意构陷。易的反诉激怒了郑烈。司法独立，这件案子当然由南京最高法院定案，郑烈一言九鼎，于 1933 年 12 月 3 日下令通缉易培基。易培基哭诉无门，只好悲愤地逃进上海法租界避难。

（九）突击检查南迁文物后再次提起公诉

南京最高法院随后派检察官莫宗友带书记官、法警会同江宁地方法院到上海突击检查故宫南迁文物，邀两名珠宝商人当场鉴定，请押运文物的故宫工作人员那志良参加。逐箱打开，据箱内的清册——核对珠宝，凡是伪品、脱落、数量少于登记册的等等，——登记在案，全部作为易培基等人的罪证。前后检查珠宝几个月，江宁地方法院检察官孙伟于 1934 年 10 月 13 日正式提起公诉。

1934 年 11 月 5 日，《申报》以显要位置，刊登了《故宫盗宝案起诉书》，副标题是："江宁地方法院检察官起诉被告易培基、李宗侗等九人"。这篇专稿，开篇写道："哄传全国之故宫盗宝舞弊案，已于上月十三日由江宁地方法院检察官提起公诉，兹觅录起诉书全文如下，以供关心本案者之参考。被告易培基、李宗侗、陈郁、萧瑜、崔燮邦、晏怀远、秦汉功、董琳、张浙稽。右开被告，民国廿二年度检字第 6004 号，为侵占、伪造、背售、妨害公务名誉一案，业经本检察官侦查完毕，认为应行提起公诉。今特将犯罪事实、起诉理由及所犯法条开列于后。"

起诉书"犯罪事实"部分，列举了易培基任故宫博物院院长期间，"盗卖文物"的具体事实，以及易培基同年任农矿部长时期的"犯罪"情况。其"起诉理由"，分为六大部分，涉及故宫盗卖案的占三部分：古物珠宝、妨害公务、妨害名誉。

起诉书在谈到"古物珠宝"方面，起诉理由，称："本院派员带同鉴定人，前往故宫博物院驻沪办事处所设库房，对于古物内珠宝部分逐件检验，验明假珠 9606 粒，假宝石 3251 颗；复查明缺少珍珠 1319 粒，宝石 526 颗；又将原件内拆去珠宝配件者，计 1496 处，并有缉米珠流苏及翠花嵌珠宝玉镯等类整件缺少者为数甚巨。查前项珠宝，均属清室御用品，当时极为珍重，凡属保管之人，责任至为重大，自无以假易真及私行盗取之理。"

如何认定盗取事实？起诉书称："迄民国十三年十二月，清室善后委员会议决点查清宫物件规则后，即于翌年五月间开始点查，将各项古物逐件记载故宫物品点查报告，编订成册，其所列珠宝部分，对于上列各物，既未记载赝品及缺少字样，足见当日检查之时，并无发现赝品及缺少之事。已可断言，该被告易培基身为院长、李宗侗身为秘书长，当时曾制定各馆、处提取物品之提单，凡提取古物，均应用提单记明，然后根据该单将提取之物登载于提取物品册内，手续甚繁，用意极周，故各馆处具已实行，且出组提物时，秘书处尚派员会同办理，以示慎重。

独秘书处提古物既不用提单，载明品名，亦无各馆人员参加出组，所提之物，除出组时事务记载外（记载诸多含糊），另无簿册登载，及任何可以考查之处，任便长期存放于院长办公室之内，并无专人保管，而该柜钥匙，素即放置于该办公室桌上之小木匣内，亦无专人负责保管（见本院派员往北平调查报告），该被告等尽可乘此时机，私行盗取及以假易真，极为易易。

且查珠宝包封之内，如金字第1540号分号1、2、4等号曾签有黄色纸条注明假珠等字，但查纸条内黑色甚新，与同治九年收沈魁文等字样不符，其舞弊情形又可一望而知。可知上项调换之品及缺少之件（内尚有拆毁者）均为该被告等侵占入己，自属百喙难辞（上项证据，均详载本院派员赴沪调查笔录及附表又鉴定书及故宫物品点查报告、装箱清册等件）。"

有了这些充分而翔实的认定，所以，起诉书在第一部分的犯罪事实中，十分明确地称："易培基于民国十八年间充任故宫博物院院长，李宗侗充任该院秘书长，陆续将保管之珠宝部分盗取真珠1319粒、宝石526颗，以假珠掉换真珠者9606颗，以假宝石调换真宝石者3251颗，其余将原件内拆去珠宝配件者计1496处。"

起诉书中，"妨害公务"罪，起诉理由是："被告易培基等所犯侵占、背信等罪，证据极为确凿。关于故宫博物院舞弊之事，大为全国皆知。最高法院检察长本有举发犯罪之责，乃被告易培基不自悛悔，反行迁怒，竟编成《故宫诉案写真》一册，到处散发，并造蜚语，于廿二年十月十九日、廿日、廿三日及十一月廿二日廿三日登载上海《新闻报》、天津《大公报》及本京《救国日报》《新民报》等，任意指摘，其对于公务员依法执行之职务公然侮辱，其情极为显然。"

起诉书中，"妨害名誉"罪，则是指对故宫职工即崔振华介绍入故宫的尹起文名誉的损害："查尹起文系故宫博物院书记，该院售卖皮货之时，曾经参与其事。当最高法院检察署派员前往北平调查，曾经传案询问，尹起文既为证人，当然有据实供述之义务。乃易培基、秦汉功、董琳、张浙稽等以其供述之不利于己，乃捏造事实，散发传单，并于廿年十月十九日登载本京《新民报》《救国日报》，任意指摘，其为毁人名誉，实为无可谖卸。"

起诉书中，所列举的"犯罪事实"和"起诉理由"，乍一看，似乎很确凿、很充分。但是，细加分析，就会发现漏洞百出，因为，许多前提条件就弄错了，由此进行的推论再合理也是错的。其最显著的一个前提条件大错特错的是：故宫所藏一切物品都是真的、最好的。由这个前提推论出的结果，可想而知：如果发现有假的，那么就是你故宫院长的责任。这太可怕了。

事实上，故宫藏品中，确实绝大多数都是真的、最好的，但也有一些是假的，以次充好的。法院依错误的前提来推定所谓的"盗宝案"，将这次在上海清点的珠宝"赝品"和"缺少"部分，都算在易院长的头上，在此后清点书画、古物时也如法炮制，易培基的"罪证"自然一大堆，百喙难辞其"罪"。

关于故宫所藏古物之中，是否有假物的问题，著名清史专家、故宫博物院研究员朱家溍先生谈得很透彻：

有不少人以为，皇宫内不可能有假东西，这是个误解。平时这种误解也无关紧要，可是法院以故宫无假物为前提，推断如果有假物即是易培基盗宝的结论，都是很大的错误。故宫博物院原藏物品，当然真的珍品太多了，可假东西也不少，不过在故宫的假东西，也有不同的等级……

它们是怎样进入皇宫的呢？自嘉庆以后的皇帝，道光、咸丰、同治、光绪都没有欣赏古代艺术品的修养，对于原有的书画珍品，他们并不看，当然更没有继续收进。遇到万寿节，各地督、抚、关差、织造等人例贡中搭配几件古字画，在贡单中开列出来一些大名头，例如元代的黄公望、王蒙、吴镇、倪云林，明代的文徵明、沈石田、唐寅、仇十渊等的假货摆样子。进贡的是外行，皇帝也不看这些，当初就束之高阁。西太后垂帘的时代更是如此。

故宫盗宝冤案第一次提起公诉的主要人物易培基、李宗侗走投无路、哭诉无门，只好逃入上海租界避祸。被传讯的只有两位职员，一个是在上海的萧乡沛，一个是在北平的刘光谔，两人分别被关押入狱。

最高法院，对于故宫装箱文物的检查始于1934年初，止于1936年12月，历时三年。继检查珠宝之后，又检查了书画、铜器、铜佛、玉佛等项；1934年初至1936年4月在上海检查，1936年5月至1936年8月在北平，1936年9月至12月再次在上海检查。南京最高法院最后认为有疑问的都被一一封存起来，包括书画594号、铜器218号、铜佛101号、玉佛1号以及上述珠宝部分。

书画方面向来真品、伪品争议最大，也最不易确认，法院只请著名画家黄宾虹先生一锤。法院将所有赝品、伪作和有疑问的文物，都算作易培基盗宝罪证，据统计上海存放的南迁文物精品书画、古物封了共11箱，北平书画、铜器等封了共51箱，存贮于东六宫之一的延禧宫和太庙。

南京最高法院，搜罗完"罪证"之后，着手定罪。

1937年9月30日，由江宁地方法院检察官叶峨第二次对易培基、李宗侗、吴瀛3人提起公诉，主要侧重于书画和铜器、佛像方面的"犯罪事实"。法院将上述60余箱"罪证"文物，单独封存，作为定罪依据。法院认为：清乾隆皇帝是位很有艺术品位和艺术修养的皇帝，乾隆以前的宫廷古物大多已品定，见于《秘殿珠琳》和《石渠宝籍》等的记载，不应还有什么赝品；再经过清室善后委员会书画等方面的专家鉴定，更不应还有什么假冒伪作，出现这60余箱有问题的文物，不是主管院长盗卖、更易还能是什么原因？

（十）易院长抱恨而终

遍查当时的报纸，几乎都是抗日战争方面的报道，没有登载第二次起诉书。原来，这份起诉书只载于国民政府行政院刊印的《易培基等侵占故宫古物鉴定书》中，实际上这就是国民政府对此案的最后认定。易培基申诉无门，怒愤交加，终于卧病不起，并在第二次公诉前8天的9月22日，死于上海，可谓抱恨而终，时年58岁。

临终前，易培基带病写了一份遗书，请国民党资深元老吴稚晖转交国民党主席蒋介石和行政院长，提出的最后请求是："故宫一案，培基个人被诬事小，而所关于国内外之观听者匪细。仰恩特赐查明昭雪，则九幽衔感，曷有既极！垂危之言，伏乞鉴察！"

但是，易培基至死都没等到昭雪。

易培基的后事，由老友吴稚晖和好友吴瀛的女儿料理。后事的办理极为简易，没有生前的友人一一送别，没有亲人和同事的花圈，没有仪式。好友吴稚晖老泪纵横，堂堂故宫博物院院长，这样一个好人，却被诬陷至死，自己竟无法为老友昭雪！吴稚晖又悲又愤。他慢慢地研好墨，铺上一方细心挑选的宣纸，饱蘸浓墨，写下了一副挽联，伤心痛切地哀悼好友易培基: 最毒悍妇心, 沉冤纵雪公为死; 误交卖友客, 闲官相攘谋竞深。

1947 年末, 张继去世。1948 年 1 月 9 日, 南京最高法院宣布: "李宗侗、吴瀛, 1937 年 1 月 1 日, 已免予起诉; 易培基, 因死亡而不予受理。" 至此, 一场历时 16 年之久的冤案, 不了了之。

1925 年 1 月, 北平人那志良就加入了清室善后委员会, 一直供职于故宫博物院。南京最高法院检查存放于上海的故宫文物时, 那志良就是故宫方面的代表。他在《故宫博物院三十年之经过》一书中, 谈到此案时, 这样写道:

在文物南运前后, 故宫博物院院长易培基被人检举有侵占古物嫌疑, 经法院派检察官到院检查, 检查经年, 结果是提起了公诉。关于易院长究竟有无侵与情事, 不便有所论列, 不过在故宫博物院的立场言, 这是故宫博物院的损失。

1. 自从此案发生, 闹得全国人民都知道有所谓故宫盗宝案, 国际也把这事引为笑谈, 倘若易先生真有此事, 那么易先生便是故宫博物院的罪人; 如果没有这回事, 而闹得乌烟瘴气, 使故宫博物院的院誉, 受到重大影响, 那不更是故宫博物院的损失吗?

2. 法院检查相当仔细, 珠宝一项就封了许多, 都是认为有侵占嫌疑的。不过, 像珠宝这种东西把它封起来, 封它几十年也没有关系, 最可惜的是那些书画了。法院检查书画, 请了一位黄宾虹任鉴定, 法院根据他鉴定的结果, 认为是伪的法院便另封起来。可是, 书画的真伪, 有许多解释……另封的结果, 这些画不能每年得到一次的晾晒, 不能随时检查, 不能时常加放防虫药品, 而这次文物运台也不能随同运来。这一批书画, 如果完全是赝品倒也不足惜, 可惜有的书画是蒙冤了。

1966 年, 那志良先生在台湾商务印书馆出版著作《故宫四十年》, 书中称: "关于这事, 在我的立场, 不便多所论列, 内幕如何, 我也不知道究竟是怎么一回事, 只好就这样糊涂下去吧。"

故宫博物院的资深史学专家朱家溍，在抗日战争胜利后，就从四川回到北平故宫博物院，曾在存放易案盗卖物证的延禧宫中负责整理、编目。1949年，故宫马衡院长派朱家溍主持古物馆馆务，朱先生建议马院长，将封存的易案物证开箱看看。逐箱看过以后，绝大部分都是一望而知的假东西，无须专家鉴定。但故宫工作人员都能看出，这全是故宫原存的，都载于《故宫物品点查报告》，物品上还粘有点查原黄签，签上书入库年月、档号。

朱家溍先生说："这是有凭有据的故宫原藏的物品……在绝大部分次品假货中也有真的国宝，这是黄宾虹先生看走了眼，有宋徽宗《听琴图》、马麟《梅花图》，就是这次我发现的，立刻把这两件

北宋 赵佶 听琴图

宝物陈列在钟粹宫绘画陈列室。"

　　朱家溍先生在谈到这场盗宝案时，这样说："所谓易培基盗宝案，本是莫须有的冤案。法院封存物品，实际是不同派系暗斗的步骤。因为起诉已经几年了，证据不足，不能构成犯罪，于是由法院请专家鉴别故宫博物院藏品有没有假文物。这一种分析逻辑的前提是认为故宫藏品根本不存在假的，所以，如果发现假的，那么，当然就是易培基抵换过的。"

故宫旧景

宫廷小知识

明朝官员补子

　　补子，是明清各品官服上补出的两块特殊织绣品，其纹样、图案一致，俗称胸背。因为补子是用彩线绣制而成，所以又称为绣补。它直接绣于官员补服之上，或者制成圆形、方形等特殊绣品再补于补服之上，其所绣纹样与补服面料完全不同，有吉祥飞禽，有凶猛走兽。飞禽走兽周围绣绘红日、彩云、花卉、海水，以此区分各种官员等级。

　　中国官员衣服绣补，古已有之，汉唐时期盛行。明洪武年间，明太祖朱元璋就将文官九品、武官九品的官员补子制度确定下来。

　　文官：

　　一品，仙鹤；二品，锦鸡；三品，孔雀；四品，云雁；

　　五品，白鹇；六品，鹭鸶；七品，鸂鶒；八品，黄鹂；九品，鹌鹑。

　　武官：

　　一品，狮子；二品，狮子；三品，虎；四品，豹；

　　五品，熊罴；六品，彪；七品，彪；八品，犀牛；九品，海马。

清朝官员补子

　　清朝官员补子，与明代有所不同。

　　文官：

　　一品，仙鹤；二品，锦鸡；三品，孔雀；四品，云雁；

五品，白鹇；六品，鹭鸶；七品，鸂鶒；八品，鹌鹑；九品，练雀。

武官：

一品，麒麟；二品，狮子；三品，豹；四品，虎；

五品，熊罴；六品，彪；七品，犀牛；八品，犀牛；九品，海马。

清朝官员品级俸禄

亲王年俸 10000 两，米 5000 石；郡王 5000 两，米 2500 石；贝勒 2500 两，米 1250 石；贝子 1300 两，米 650 石。

养廉银：

总督 20000 两；巡抚 15000 两；布政使 9000 两；道员 8000 两；盛京将军（一品）2000 两，提督（从一品）2000 两；各地将军 1500 两。

以下为中央（地方）官员品级：

超品：公、侯、伯。

正一品（光禄大夫）：子，太师、太傅、太保、殿阁大学士、领侍卫内大臣、銮仪卫大臣。年俸 180 两，米 90 石。

从一品（荣禄大夫）：少师、少傅、少保；太子三师；内阁协办大学士；各部院尚书，左都御史；九门提督，内大臣，八旗都统。（将军，都统，提督）

正二品（资政大夫）：太子三少，各部院侍郎，内务府总管；副都统，前锋营等统领。（总督；副都统，部兵）年俸 155 两，米 70 石。

从二品（通奉大夫）：内阁学士，翰林院掌院学士；散秩大臣。（巡抚，布政使；副将）

正三品（通议大夫）：左副都御史，宗人府丞；一等侍卫，八旗参领等。（顺天府尹，奉天府尹，按察使；城守尉，参将，指挥使）年俸 130 两，米 65 石。

从三品（中议大夫）：光禄寺卿，太仆寺卿，护军参领，王府一等侍卫等。（盐运使；游击，五旗参领，指挥同知）

正四品（中宪大夫）：通政使司副使，六科掌院给事中，二等侍卫，副参领，佐领，侍卫领班。（顺天府丞，奉天府丞，各省守巡道员；防守尉，佐领，都司，宣慰使同知）年俸 105 两，米 50 石。

从四品（朝议大夫）：内阁侍读学士，翰林院侍讲学士，国子监祭酒；

城门领，二等护卫。（知府，土知府，盐运司运同；宣抚使，宣慰副使）

正五品（奉政大夫）：春坊庶子，光禄少卿，给事中，各部郎中，太医院院使；三等侍卫。（同知，土同知，直隶知州；关品守御、防御，守备，千户）年俸80两，米40石。

从五品（奉直大夫）：翰林院侍读、侍讲，各部员外郎；四等侍卫，委署前锋参领。（各州知州，土知州，盐运副使；守御所千总，河营协办守备，安抚使，招计使，副千户）

正六品（承德郎）：内阁侍读，侍讲，春坊中允，国子监司业；蓝翎侍卫，前锋校等。（京府通判，京城知县、通判；门千总，营千总，长官使，百户）年俸60两，米30石。

从六品（儒林郎）：春坊赞善，翰林院修撰；内务府六品蓝翎长，六品典仪。（布政司经历，直隶州同，州司；卫千总）

正七品（之林郎）：翰林院编修，太常寺博士，国子监监丞，内阁典籍，知事；城门史，马厂协领。（京县丞，顺天府满洲教授、训导，知县，教授；把总）年俸45两，米20石。

从七品（征仕郎）：翰林院检讨，内阁中书，国子监博士；七品典仪。（京府经历，布政司都事，州判；盛京游牧副尉）

正八品（修职郎）：司务，五经博士，国子监学正，钦天监主簿，太医院御医。（布政司库大使，府经历，县丞，学正，教谕；外委千总）年俸40两，米20石。

从八品（修职佐郎）：翰林院、国子监典簿，僧录司左右觉义，道录司左右至义；八品典仪，委署亲军校。（布政司照磨，训导）

正九品（登仕郎）：礼部四译馆大使，钦天监候；各营蓝翎长。（州吏目，道库大使，巡检；外委把总）年俸25两，米10石。

从九品（登仕佐郎）：翰林院待诏，国子监典簿，博士，太医院吏目，太常寺司乐，工部司匠；太仆寺马厂委署协领。

未入流：翰林院孔目，都察院库使，礼部铸印大使，崇文门副使。

公主格格

"格格"，本为满语之译音，翻译成汉语，就是小姐、姐姐之意。通常地说，清朝贵胄之家的女儿称为"格格"。满洲入关以前，为"后金"。当初，大汗、贝勒的女儿统称为"格格"，无定制。如，清太祖努尔哈赤之长女，称为"东果格格"；次女，称为"嫩哲格格"。

清太宗皇太极继位，崇德元年（1636年），始仿明制，规定：皇帝的女儿称为"公主"：皇后之女，称为"固伦公主"；妃子所生之女以及皇后之养女，称为"和硕公主"。如，皇太极之次女马喀塔，由孝端文皇后所生，最初，封为固伦长公主，后来，改封为"永宁长公主"，最后，改为"温庄长公主"。具体地说：

一、亲王之女，称为"和硕格格"，汉名为"郡主"。

二、世子及郡王之女，称为"多罗格格"，汉名为"县主"。

三、多罗贝勒之女，亦称为"多罗格格"，汉名为"郡君"。

四、贝子之女，称为"固山格格"，汉名"县君"。

五、镇国公、辅国公之女，称"格格"，汉名"乡君"。

六、"公"以下之女，俱称"宗女"。

"格格"之称谓，一直沿用，至清末之时，渐渐终止。

清乾隆皇帝弘历共生有10个女儿，其中5人早殁，没有加封；5人长大，加封为公主：第三女，孝贤纯皇后生，封固伦和敬公主；第四女，纯惠皇贵妃苏氏生，封和硕嘉公主；第七女，孝仪纯皇后生，封固伦和静公主；第九女，孝仪纯皇后生，封和硕和恪公主；第十女，妃汪氏生，封固伦和孝公主。第十女是个例外，她的母亲只是一个普通妃子，但因为她出生时乾隆皇帝已经65岁了，老来得女，乾隆皇帝格外疼爱，特旨封为固伦公主，指婚下嫁给和珅长子丰绅殷德。

八旗制度

八旗制度是清朝满族的社会组织形式。旗,满语(gu sa),汉音固山。

八旗军事组织制度是由满族首领努尔哈赤所创制的。最初,努尔哈赤将自己军队编为四旗,每旗以不同颜色之旗帜作为识别。明朝万历二十九年(1601年),建立黄、白、红、蓝四旗,称为正黄、正白、正红、正蓝,旗皆纯色。万历四十三年(1615年),努尔哈赤在原有牛录制基础上,创建了八旗制度:原有四旗之外,增编镶黄、镶白、镶红、镶蓝四旗。

八旗各旗旗帜,除四整色旗外,黄、白、蓝均镶以红,红镶以白。其制规定:每300人为1牛录,设牛录额真1人;5牛录为1甲喇,设甲喇额真1人;5甲喇为1固山,设固山额真1人。据史籍记载,当时编有满洲牛录308个,蒙古牛录76个,汉军牛录16个,共400个。此时所编八旗,为满洲八旗。清太宗时,建立蒙古八旗和汉军八旗,旗制与满洲八旗同。八旗由皇帝、诸王、贝勒控制,旗制终清未改。

城内八旗分布

清朝统一,太宗皇太极建立汉军八旗和蒙古八旗。各旗有护军营、前锋营、骁骑营、健锐营和步军营等常规营伍,司禁卫、云梯和布阵等职。另外,设立了相扑营、虎枪营、火器营和神机营等特殊营伍,演习摔跤、射箭、刺虎和操练枪炮等。

八旗兵,分为京营和驻防两类。京营,是守卫京师八旗军之总称,由朗卫和兵卫组成。侍卫皇室之人,称为朗卫,必须是出身镶黄、正黄和正白上三旗之旗人,如紫禁城内午门、东西华门、神武门等由上三旗守卫。京师其他地方之守卫,称为京卫。八旗每一旗下,包括满洲、蒙古、汉军三个部分。

八旗，分上三旗与下五旗。顺治七年（1650年）底，多尔衮死后，清世祖福临加强对八旗的控制，由皇帝亲领镶黄、正黄、正白三旗，称为上三旗；由诸王、贝勒统辖正红、镶红、正蓝、镶蓝、镶白五旗，称为下五旗。此制，终清未改。上三旗较下五旗为崇，是皇帝的亲兵，担任禁卫皇宫等任务，下五旗驻守京师及各地。镶黄、正白、镶白、正蓝四旗居左，称为左翼；正黄、正红、镶红、镶蓝四旗居右，称为右翼。

八旗制度，以旗统人，以旗统兵，凡隶于八旗者，皆可以为兵。入关前，满洲八旗共309个佐领。八旗满、蒙、汉佐领，共583个。康熙时，满洲佐领达到669个，嘉庆时增加到681个。八旗官兵的额数，清末光绪、宣统时，实存职官约6680人，兵丁12万人。

清朝定都北京，绝大部分八旗兵丁屯驻北京附近。戍卫京师之八旗，按其方位驻守，称为驻京八旗，俗称京旗。另外，抽出一部分旗兵，派驻全国各重要城市和军事要地，称驻防八旗。驻京八旗，负责皇宫和京师之安全，实即禁军。清禁卫军制有二，即郎卫和兵卫。郎卫，指御前近卫，专门负责皇帝及后妃等之警卫，设置侍卫处、銮仪卫、善扑营等不同的机构。兵卫，指京师及宫禁之警卫，分设前锋、护军、步兵等不同的营制。

八旗在全国各地驻防，一般不设都统。在重要地区，如盛京、吉林、黑龙江、江宁、杭州、福州、广州、荆州、西安、成都、绥远等处设将军，下设副都统。将军，为该地区最高军事长官，但不理民政。后来，热河、察哈尔由副都统升为都统后，为该地区行政长官。八旗旗务，无论满洲、蒙古或汉军，均由固山额真管理。顺治十七年（1660年），固山额真一律改称都统。各旗均设都统一人，副都统二人。雍正元年（1723年），设八旗都统衙门，由上述各旗都统24人及副都统48人组成，掌满洲、蒙古、汉军八旗之政令。

正黄旗，上三旗之一。92个佐领，约3万兵力，是满洲八旗中人口最多者，总人口约15万人。名人：纳兰明珠、纳兰性德（康熙帝宠臣）、索尼（重臣）、吴京（重臣）。

镶黄旗，上三旗之一。84个佐领，约2.6万兵力。总人口约13万人。名人：孝和睿（嘉庆帝的皇后）、慈安等。

正白旗，上三旗之一。86个佐领，约2.6万兵力。总人口约13万人。名人：郭布罗·婉容、荣禄。

镶白旗,下五旗之一。84个佐领,约2.6万兵力。总人口约13万人。名人:曹雪芹、阿桂、善耆(肃亲王)。

正红旗,下五旗之一。74个佐领,兵2.3万。总人口约11.5万千人。名人:和珅、老舍。

镶红旗,下五旗之一。86个佐领,兵2.6万。总人口:约13万人。名人:珍妃。

正蓝旗,下五旗之一。83个佐领,兵2.6万。总人口:约13万人。名人:崇绮,1864年状元,户部尚书,同治帝之皇后阿鲁忒氏之父。

镶蓝旗,下五旗之一。87个佐领,兵2.7万。总人口约13.5万。名人:慈禧(咸丰帝皇贵妃)、肃顺。

清代满洲八旗兵力大约21万,满洲八旗人口大约105万。

清代八旗军,包括八旗满洲、蒙古、汉军,在行军、驻营时,所居位置是固定的,依"五行相克"说制定。《八旗通志》记载:"两黄旗位正北,取土胜水。两白旗位正东,取金胜木。两红旗位正西,取火胜金。两蓝旗位正南,取水胜火,水色本黑,而旗以指麾六师,或夜行黑色难辨,故以蓝代之。"

清 北京八旗分布

根据阴阳五行学说:东方属木,颜色为青,木能克土;南方属火,颜色为赤,火能生土克金;西方属金,颜色为白,金能生水克木;北方属水,颜色为黑,水能生木克火;中央属土,颜色为黄,土能生金克水。

八旗所处方位,与五行相克方位一致:

正黄旗,驻德胜门;镶黄旗,驻安定门;两黄旗属土,土能克水,驻于北方;

正白旗,驻东直门;镶白旗,驻朝阳门;两白旗属金,金能克木,驻于东方;

正红旗,驻西直门;镶红旗,驻阜成门;两红旗属火,火能克金,驻于西方;

正蓝旗,驻崇文门;镶蓝旗,驻宣武门;两蓝旗属水,水能克火,驻于南方。

中国皇帝的相貌

相貌是一个人的显著特征。认识一个人，总是要先目睹其相貌。中国古代的皇帝称自己为特殊的人，自诩为具有神格的人。他们也一直被赋予了神秘的色彩，被认为是神的后裔，有着特殊身份和地位。古人们也大多相信帝王们不是凡胎，他们都是龙种，是先天决定的。而史官笔下的历代帝王们，他们的出生和相貌，也都是不同凡响，有别于常人，令人惊叹、羡慕和敬畏。

中国远古的神话是关于英雄的神话。那些长寿的英雄们，实质上就是远古时代的帝王。据说，天皇有 13 个头，地皇有 11 个头，人皇有 9 个头；伏羲氏相比之下则有些人的模样——长头，修目，眉有白毫，长须飘飘下垂委地，翻起的龙唇下是一口很别致的龟齿。不过，伏羲和女娲都是人首蛇身，而尝遍百草、教民耕种的神农氏却连人首都不是，而是长着一颗牛的脑袋。

从神话时代进入传说时代以后，帝王们的模样就越发与世俗的人接近了；尽管如此，但他们仍然不是凡胎。世称轩辕氏的黄帝，史书记载他是龙颜，就是长着一张像龙一样的脸。他活了 111 岁，生有 25 个儿子。穿越数千年的历史直到今天，人们仍然很怀念和敬仰这位长寿多子的黄帝，他聪慧、多福、健康长寿，他勤劳、勇敢、富于创造力。于是，他成了整个中华民族引以为傲的祖先。

帝尧身长十尺，眉毛有八种色彩，胡须长约七尺有余。帝舜身长仅六尺，中等身材，但他的嘴巴很大，而且是重瞳——眼瞳是双重的。夏禹是长鼻子，大嘴巴，两耳参漏——两个耳郭有漏眼；而且腿还有点瘸，不能快步行走，越快越拐得厉害。商汤身长九尺，下颌很丰满，臂有四肘——手臂上有四个关节。周文王身长八尺三寸，龙颜虎肩，胸有四乳，就是说他长着一张像龙一样的脸，身材修长，肩膀如虎一样的健美，胸部还有四个乳头。周武王是骈齿、望羊——就是有双重牙齿，高瞻远瞩，视野开阔。

秦始皇是蜂准、长目、豺声、鸷鸟膺，即高大的鼻子，眼睛很长，声音就像豺发出的一样（是一种少有的细而尖厉、悲而仓凉的嚎声），胸部突起如同鸷鸟。汉高祖刘邦，龙颜，隆准，美须髯，左股七十二黑子。就是说他有一张像龙一样的脸，鼻梁高高的，胡须长而飘飘，很英俊的样子，左大腿上还有七十二颗黑痣。东汉光武帝刘秀，日角、隆准、大口、美须眉、身长七尺三。就是说他的额头很饱满如同太阳，他的鼻子很高，嘴巴很大，胡须很长，身高七尺三寸。

三国蜀主刘备，身长七尺五寸，垂手下膝，顾自见其耳。就是说他的上肢很长，双手一下垂，就能越过膝盖；他的耳垂也很长，自己的眼睛能够看见自己的耳朵。东晋晋元帝司马睿，白毫生日角之左、眼有精曜，即左额头上长出了一片不耀眼的白毛，一双眼睛炯炯有神。南朝齐高帝萧道成，姿表英异，龙颡钟声，鳞文遍体。就是说他的额头长得像龙的一样英武，声音如同洪钟一样响亮，浑身上下都是鱼鳞般的皮肤。

南朝梁武帝萧衍，生而奇异，日角龙颜，重岳虎顾，舌文八字，项有浮光，身映日无影，两胯骈骨，顶上隆起，有文在右手曰"武"。这可真是不同于常人，是奇人中的更奇异之人啊：额骨从中央隆起，其形状就像一个太阳；长着一张像龙一样的脸，脑袋很大，转动脑袋回头看时的样子活像一只老虎，舌头上还有八字纹；脖子后面鼓出一个包来，周围浮着一层白光，而且两边的肋骨，还奇异地连在一起；更令人惊异的是，他的右手手掌上，天生有一个"武"字纹；更加奇特的是，他人站在太阳底下，竟然没有影子！

隋文帝杨坚，龙颜，目光外射，额上五柱入顶，有文在手曰"王"，长上短下。这是说：他有一张龙一样的脸，炯炯有神的眼光向外射，额头上有五条纹路直入头顶，手掌上有"王"字纹，上身较长而下身略短。唐高祖李渊，体有三乳、左腋下有紫痣如龙。这是说他的胸部较为宽阔，比一般人多出一个乳头，左边的腋下有一片紫色的小痣形成一个龙形的图案。唐太宗李世民是龙凤之姿，天日之表。这是最完美的经典帝王形象，其姿容如龙如凤，脸部饱满如同太阳。宋太祖赵匡胤，容貌雄伟，气度豁如。辽太祖耶律阿保机，丰上锐下、目光射人——额头宽阔，下颌俊俏，双目炯炯有神向外发光。金太祖完颜阿骨打，身长八尺，状貌雄伟，臂长过膝。

明太祖朱元璋，姿貌雄杰、奇骨贯顶，即他身姿雄伟，相貌堂堂，头顶上还长出了一个奇异的骨骼。这是史书《明史》上写的，是史官的溢美之词。其实，朱元璋长得奇丑，要不是有留传至今的画像作证，我们真的会被帝王和史官们合伙作弊而蒙骗过去：朱元璋有 12 幅画像传世，其中有 10 幅画像丑陋无比——这很可能就是他的真容貌：山根（鼻梁）下陷，下巴向外突出，脸上满是密密麻麻的黑点；另两幅则判若两人，画面上的朱元璋红光满面，眉目清秀，五官端正，真是英气勃发，相貌堂堂，这等英武的相貌，后来就成了朱元璋的标准像。孰真孰假，不难分辨吧？清太祖努尔哈赤也被记载为仪表雄伟，发声若钟。

从这些记载上看，帝王们真的不是凡胎，他们是介于神、仙、人之间的物种，是半人半神半仙之间的一种神物，至于他们真的是不是那幅模样，恐怕也只有天才知道。

乾隆皇帝是一个什么样的光鲜人物？他的相貌是一番怎样的光景？真的像影视作品中所展示的那样，英姿勃发、光彩照人？幸运的是，宫廷画师们为我们留下了乾隆皇帝的真实画像；而且这些画像中的大多数，都是生性严谨认真、一丝不苟的西洋画师们的杰作。因此，我们今天能够一睹风流天子乾隆皇帝的尊容。

乾隆皇帝弘历，康熙五十年（1711 年）八月十三日子夜降生于雍王府邸（后称雍和宫）。他是雍正皇帝的第五个儿子，因第二子弘盼一岁多时夭折，未能叙齿排行，他便序为第四个儿子。史书记载他的相貌是：眉疏目朗，高鼻梁，身体修长，天性聪慧。乾隆皇帝醉心于书画，在他的身边有一批造诣很深的宫廷画家，包括中国画师丁观鹏、董邦达、张宗苍、徐扬、金廷标和西洋画家郎世宁、艾启蒙、王致诚等等。他们供职于清廷，创作了大量书画作品，留下了极其珍贵的具有历史、文化、艺术价值的墨迹，其中有相当一部分作品是反映乾隆皇帝生活起居的御容像。在清代宫廷珍藏的书画作品中，乾隆皇帝的御容像大约有 80 幅，基本上真实地展示了乾隆皇帝弘历从青少年到青壮年到老年的风貌。

《平安春信图》纸本画轴，是意大利画家郎世宁在雍正年间留下的作品。画中的人物正是雍正皇帝和他的亲爱的儿子少年弘历——画面的背景是天空所独有的令人亲切的深蓝色，一座平缓的小山丘上，几竿修竹苍翠挺拔。怪石、老梅前的翠竹之下，站立着正在赏梅的雍正皇帝父子，他们面目清瘦，身穿大袖拖地长袍；少年弘历比起父皇来略矮一头，但他睿智的目光炯炯有神。画面右上角是一首乾隆四十七年（1782年）的自题诗："写真世宁擅，绘我少年时。入室幡然者，不知此是谁？——壬寅暮春御笔"。

《采芝图》是雍正十二年（1734年）宫廷画师的作品，这一年弘历23岁。画面上的弘历身材修长，眉清目秀，他身穿宽袖长袍，手握灵芝，身前是一只温驯的梅花鹿和一个荷锄的童子——有趣的是，这位童子酷似少年时的弘历，也就是说画面上的两个人都是弘历，一个是他青年时期的模样，一个是他英俊少年的英姿。画面的右上角有一首自称"长春居士"的乾隆皇帝弘历的自题诗："何来潇洒清都客？逍遥为爱云烟碧。筠蓝满贮仙丛芝，芒鞋不踏尘寰迹。人世蓬莱镜里天，霞巾仿佛南华仙。谁识当年真面目？图入生绡属偶然。——长春居士自题"。什么是清都客？清都是讲求长寿仙术的道家所说的长寿圣君紫微上帝所居住的地方，也就是道家所尊奉的天庭。天庭上管理山水的官员称为清都山水郎。宋代的大诗人和大词家朱敦儒曾写过一首《鹧鸪天·西都作》："我是清都山水郎，天教懒慢带疏狂。曾批给露支风敕，累奏留云借月章。诗万首，酒千觞，几曾着眼看侯王？玉楼金阙慵归去，且插梅花醉洛阳。"乾隆皇帝极其喜欢。

清宫中的其他几幅乾隆皇帝的画像，包括：《朝服像》，25岁；《岁朝图》，27岁；《哨鹿图》，30岁；《松荫消夏图》，33岁；《狩猎聚餐图》，38岁；《万树园赐宴图》，43岁；《丛薄行诗意图》《大阅图》，47岁；《平定域图册》，50岁；《万法归一图》，60岁；《平定金川战图》，65岁；《一箭双鹿图》，70岁；《平定台湾战图》，77岁；《朝服像》，80岁；《平定廓尔喀战图》，82岁；《朝服像》，85岁。

乾隆皇帝的这些画像，都生动地展示了18世纪中后期中国乃至世界上最有名的一位皇帝的真实风采。画面上的乾隆皇帝弘历，都是一副儒雅的模样：身材修长，眉疏目朗，面如满月，目光炯炯有神——神采、目光中充满了书卷气，总是一副非常自信、自负、气定神闲的样子。即使是老年的乾隆皇帝，仍旧是神采奕奕，风流倜傥。宠臣和珅有一次问乾隆：皇上为何总是这样英气勃发，不知道有什么养生良方？乾隆皇帝淡淡地说：事烦心不乱，食少病无侵。此二语为予一生养心、养身之良方！

英国使臣温德说：乾隆皇帝总是笑眯眯的，看上去不超过60岁，他的脸上没有一点老年的痕迹。英国使臣赫脱南说：乾隆皇帝看上去只有50多岁，他的动作很敏捷，风度翩翩。英使马戛尔尼谒见乾隆皇帝之后，这样描述他所见到的这位充满传奇色彩的东方老人：乾隆皇帝已经83岁了，但仍旧精神矍铄，看上去像60岁的样子，而且他的心思仍很灵活，遇事很果断和自信。乾隆皇帝声如洪钟，颇为自得地对马戛尔尼说：我今年83岁了，希望你们的国王同我一样长寿！特使马戛尔尼在记述当时的情景时，仍旧掩饰不住他的激动：其言时，气概尊严，若有神圣不可侵犯之状；然眉宇间，仍流露其和蔼可亲之本色。他的日记中这样写道：乾隆皇帝身材高约五英尺十英寸，虽背已微偻，而精神甚好，目作黑色，鼻尖勾曲，略如鹰喙。其举动神情，颇具英明之气。其所衣为黄色大袍，冠则是天鹅绒所制，上有红顶子及孔雀毛以为饰。其靴亦绸制，以金线绣花于其上，腰间束一蓝色之带，亦丝织物。

《好了歌》

世人都晓神仙好，唯有功名忘不了！
古今将相在何方？荒冢一堆草没了。
世人都晓神仙好，只有金银忘不了！
终朝只恨聚无多，及到多时眼闭了。
世人都晓神仙好，只有娇妻忘不了！
君生日日说恩情，君死又随人去了。
世人都晓神仙好，只有儿孙忘不了！
痴心父母古来多，孝顺儿孙谁见了？

皇帝求仙长寿之路

秦始皇毕生都在访求仙人，寻找长生不老之药，他为此不惜耗费大量的人力、物力、财力，直到他在病死沙丘的路上，仍没有放弃这一努力——他只允许说寿字，忌讳说死字；他病死沙丘平台的时候，他的一双阴冷的眼睛仍直勾勾地看着访求仙人使者回京的御道。他去世时仅有 50 岁。

汉武帝 16 岁即皇帝位，为了长寿，求仙长达 50 余年，大造蓬莱、瀛洲等仙岛，在宫室之中建造望仙台，希望仙人驾临；他不惜一切地广招方士，寻找长生之路，甚至将自己心爱的女儿嫁给方士为妻。到他 70 岁临终时，突然醒悟：天下哪有什么仙人？只有节食、服药，才可以少病长寿！

五代梁太祖朱温，为了长寿，服方山道人庞九经进献的金丹，结果眉毛、头发立时脱落，头部、背部生疽，不久身亡。

明世宗为了长寿，也是大量服食仙丹，中毒而死。临终前，他留下遗诏自悔：我当皇帝 45 年，因为小的时候有病，希望长寿，就迷信了道术，被这些江湖术士们所蒙骗。

长生术

长生术就是长生不老之术。长生不老最早见于道家经籍《太上纯阳真经》：天一生水，人同自然，肾为北极之枢，精食万化，滋养百骸，赖以永年而长生不老。研究仙丹妙术的道家，也深研医术，道家在这里强调的是人的生命之源——肾的重要性，养好了精食万化、滋养百骸的肾，就会百病不生、长命百岁。

先秦的巫师们用他们富于想象力的智慧，创造了昆仑山仙境的神话，那里的仙主是乘龙升天的黄帝和长生不老的西王母。那里一片圣洁，到处是黄金建造的宫殿，满山遍地是长生不死药。秦汉的方士们进而创造了三神山神话，让那些渴望长生的人如醉如痴地追求长生、寻找长生术，也引诱得秦皇、汉武对此痴迷，派出大量使臣寻找三神山，寻求不死之药。三神山子虚乌有，怎么办？道家的智者和那些急不可待地寻找长生之路的人们由此而一发不可收拾，开始了烧炼金丹之路。从此，上至皇帝，下至臣民，全国上下，都迷上了金丹仙药，这是一条不归之路，许多人就被金丹毒死在这条闪耀着长生不老光环的不归之路上。

接着，在经济繁荣的长江流域，一批富于智慧的上清经派道士，很明智地否定了金丹长寿之说，另辟蹊径，从老子、庄子的清静无为学说中汲取养料，改造了餐六气的神仙长寿思想，以《仙经》的一句真言作为长生不老的旗帜相号召——我命在我，不在于天！中国道家关于长生术的代表作、上清经派道士一代又一代人的心血之作的《真诰》就这样问世了。

真者，真人也，就是神仙；诰者诰谕也，就是神仙的告示。《真诰》展示了一群美貌出众的男女神仙们修身养性、寻欢作乐的长寿行乐图。书中的语言很隐晦，动人的五言诗充满了美妙的玄机。这本书，被理学大师朱熹骂过，也被官僚们骂过，但对于那些寻求长生不老术的人们来说，却是一部不可多得的佳作。

胡适与《仙经》

近代大学者胡适虽然也痛骂《仙经》，称此书全是鬼话，但这位胡博士却在1933年蔡元培先生65岁寿辰时，郑重地献上自己的大作《陶弘景〈真诰〉考》，以此作为对蔡先生知遇之恩的厚礼。

《仙经》是一部什么样的讲述长生不老的奇书？书中展示的是38位男女神仙欢会的故事。这些故事中最精彩的篇章就是对人神恋爱、幽会的生动叙述。如开篇记叙了女神萼绿华和美男子羊权欢爱的故事。

书中说，萼绿华自称是南山人。南山，不知道是什么地方。这位年轻美丽的女人，看起来大约20来岁，身穿一袭青衣，衣服的颜色很纯正。一天夜里，她遇见了漂亮的男子羊权，从此两人如漆似胶，十分亲密。女神送给羊权一首诗，一枚金玉条，一块火浣布手巾。据说，萼绿华是九嶷山中的得道女子，名叫罗郁，活了900岁。

长寿女仙《萼绿华诗》

神岳排霄起，飞峰郁千寻。寥笼灵谷虚，琼楼蔚萧森。
羊生标美秀，弱冠流清音。栖情庄慧津，超形象魏林。
扬彩朱门中，内有迈俗心。

晋哀帝求长生

晋哀帝 21 岁登上皇帝宝座，很快就迷上了长生术。大量道士、方士出入宫廷，为他传授长寿秘法。他按照道术之士的长寿方法入定、辟谷，服食丹药——这些丹药不过是用雄黄等药物制成的令人躁动的热剂，这种热剂对于身体虚弱的人来说可能有强身健体的功效，但对于一个生命力旺盛的青壮年，无异于喝了兴奋剂，每天服用，药性发作，根本无法理政。结果 25 岁的时候，晋哀帝就因兴奋过度，一命归西。

道武帝求长生

北魏道武帝也是一位长生术的痴迷者。他 16 岁就建立了北魏这个强盛的帝国，建功立业，成为一代英杰之主。然而，30 岁以后，他开始迷恋长生术，饮酒、纵欲、服食丹药，尤其是大量服食寒食散。结果他变得神思恍惚，喜怒无常，成天像个幽灵一样在宫室中晃悠，并以极其残忍的手段在朝堂、宫廷、郊野等处杀人取乐。

唐太宗迷恋长生药

第一位以身试药的唐朝皇帝，是开创了历史上开元盛世的一代明君唐太宗。

唐太宗在最后的岁月里最信任的人竟然是婆罗门僧人。他的身体很虚弱，他相信这些僧人，并大量服用僧人们用西域灵草秘石配制的长生药。结果，服用此药以后，大泻不止。贞观二十三年（649 年），唐太宗病逝，终年 51 岁。

唐宪宗想做神仙

唐宪宗李纯在位时勤勉政事，力图中兴，一度让人看到了中兴的希望。可是这位大有作为的皇帝，一生也好神仙方术，苦苦寻求长生不老之药。他最信任的宦官张惟则奉旨出使新罗国，回来以后，给梦想成仙的皇帝带来了一个神话——他说他在海中遇见了一位翩翩公子，这位公子说是当今皇上的朋友，有一方金龟印，请转交给皇上。然后，这位公子一眨眼之间，就不见了！

唐宪宗手捧着金龟印，兴奋不已。只见金印上写着一行篆文：凤芝龙木，寿命无疆。激动得双手发颤的宪宗皇帝茫然四顾，捧着金龟印喃喃自语：我的前一世，难道是仙人？从此以后，他把金龟印供奉在卧室的紫纱帐中，敬之若神。宪宗皇帝苦苦思索着自己的前生，经常处于幻觉之中，前生的缥缈仙境和梦幻般的神奇经历常令他激动不已。这个时候，一位自称熟知前生后世的处士来到皇宫。宪宗将他接到自己华丽的九华室中，让他睡在珍稀的紫荙席上，饮着皇宫中精酿的御用龙膏酒。

宪宗皇帝每天亲自造访，与处士促膝交谈，作长夜之饮，通宵达旦，快乐无比。处士说，他家就在海上，每天以云彩作衣，以雾作轻绡白纱，吃灵芝，尝仙草，游云海，悠闲自在。什么秦皇汉武，不过是红尘世界的区区草虫而已，何足挂齿！处士说着从怀中随意地拿出了一包东西。宪宗举目细看，我的老天，原来是自己一直苦苦寻求的仙草双灵芝、六合葵、万根藤！

宪宗高兴地大喊大叫。他吃了仙草，感觉很好，有一种飘飘然成仙的感觉。宫中的能工巧匠们奉旨将处士描述的三神山木雕做好了，宪宗很高兴，他和处士在木雕前谈论仙境。木雕周围，仙雾缭绕，两人坐在这里闲谈，如同仙人。

两眼迷离的宪宗皇帝指着三神山中的蓬莱山说：如果没有你这样一位上仙真人，我哪里到得了这样的仙境啊！

处士看见皇帝这样飘飘若仙的样子，觉得自己该走了，如果再不走，恐怕以后就没有机会走了！皇帝疯癫矣。

明世宗深宫炼仙丹

明世宗时，陶仲文、顾可学、盛端明等方士最受宠信，位极人臣，他们得宠之道就是精通长生之术，善炼御女仙丹。

明世宗痴迷仙药。嘉靖四十四年八月，他因为服食了方士王金进献的金石仙丹，一病不起。第二年，世宗在乾清宫去世，终年60岁。

中国皇帝的寿命

如果从秦始皇算起，直到 1911 年清末代皇帝溥仪，其间 2100 余年，有皇帝 335 人，其平均寿命是 41 岁。如果不包括南北朝时期和五代十六国时期的帝王，那么帝王的数字是 235 人，其平均寿命是 39 岁。

如果按照朝代顺序进行分析，可以发现这样一组有趣的数字：

秦汉时期的帝王是 28 人，平均寿命是 34 岁；魏晋南北朝时期的帝王是 121 人，平均寿命是 38 岁；隋唐时期的帝王是 41 人，平均寿命是 44 岁；五代十国时期的帝王是 44 人，平均寿命是 46 岁；北宋皇帝 9 人，平均寿命是 48 岁；南宋、辽、金时期的帝王 39 人，平均寿命是 48 岁；元代帝王 14 人，平均寿命是 39 岁；明代皇帝 18 人，平均寿命是 42 岁；清代皇帝 12 人，平均寿命是 53 岁。

如果从年龄段上分析，可以得出如下一组数字：20 岁以下的是 28 人；20 岁—40 岁的是 83 人；40 岁—60 岁的是 77 人；60 岁—80 岁的是 36 人。

中国长寿皇帝

中国古代有三寿之说：上寿百岁，中寿八十，下寿六十。

皇帝 70 岁以上（80 岁以下）者，有 6 人——汉武帝刘彻 70 岁，吴大帝孙权 71 岁，唐高祖李渊 70 岁，唐玄宗李隆基 78 岁，辽道宗耶律洪基 70 岁，明太祖朱元璋 71 岁。

皇帝 80 岁以上者，有 6 人——梁武帝萧衍 86 岁，女皇武则天 82 岁，五代吴越王钱具美 81 岁，宋高宗赵构 81 岁，元世祖忽必烈 80 岁，清高宗弘历 89 岁。

梁武帝萧衍是一位特行独立的皇帝。他是汉代丞相萧何的第 25 世孙。他天性至孝，6 岁的时候他的母亲去世，他三天三夜滴水不进，多次哭得昏死过去。他从小就勤奋学习，几乎每天都手不释卷，读了大量的书，并与当世才华横溢的名士沈约等交游密切，时称"竟陵八友"。他统兵数十万，南征北战，仅仅半年时间便定鼎江南，建立了梁王朝。他天资聪颖，下笔成章，一生著作等身，仅一部《通史》就是 600 卷。他在位 48 年，活了 86 岁。

乾隆皇帝的养生之道

乾隆皇帝有一套独特的养生、养身之道。

他喜欢吃豆制品，要求每天每餐都有豆腐——红白豆腐、什锦豆腐、箱子豆腐、卤虾油炖豆腐等。他的生活很有规律，每天早上5点左右起床，7时进早膳，下午2时进晚膳。

他有自己独特的养生秘诀，总结为四勿、十常：

四勿——食勿言，卧勿语，饮勿醉，色勿迷；

十常——常叩齿，常咽津，常弹耳，常揉鼻，常运睛，常搓面，常摩足，常施腹，常伸肢，常提肛。

世界最大最完整的宫殿建筑群

世界上最大的皇宫，位于中国北京的正中心，它就是明清紫禁城。这是中国古代遗存至今的唯一一座完整的皇宫。中国是君主制度长达四千多年的文明古国，但是数千年的历代王宫和皇宫，都已经不复存在了，就像湮没的楼兰古城一样，只剩下残垣瓦砾，甚至荡然无存。许多曾经壮阔的王朝宫室，变成了田野上莫名的荒丘，或者是被后来的市肆街区所覆盖。

中国的皇宫建筑，除了台基以外，都是土木结构，如能精心保护，可维持上千年。但是，可以肯定地说，大部分被毁坏的宫殿都不是自然损耗的结果，几乎每一座宫殿在它尚称完好的时候就毁于不经意的或人为的火灾。古代中国改朝换代频繁，许多新兴的王朝都以毁弃旧王朝的宫室来宣告旧王朝统治的结束。只有清王朝采取了与众不同的做法，完全接受了明王朝的皇宫。

紫禁城

"紫禁城"一词,是历代皇宫的别称。古代皇帝称自己的皇宫为"大内",古代官员称皇宫为"禁中";而"紫禁"一词,是加入了星相学的观念制造出来的。古代星相说认为,上天有一座紫微星垣,是天帝的宫殿,而人间帝王所居住的宫殿当然就与之相对应。"紫禁"一词就是用紫微和禁中拼接出来的,唐朝诗人在诗作中经常用"紫禁"来称谓皇宫,这倒不是因为诗人们迷信星相,而是"紫禁"比"禁中"更显得风雅一些。紫禁城的"城"字,不言而喻,指皇宫乃是一座城中之城。但是"紫禁城"一词,即使在古代,也一般不用作朝廷对皇宫的正式称谓。

故宫

"故宫"一词,古来就是指已经灭亡了的王朝宫殿。明清的这座王朝的宫殿紫禁城,在1925年以后被称之为故宫博物院,简称故宫。

1925年10月10日,故宫博物院成立,随之成立了闻名于世的故宫三大馆:古物馆、图书馆、文献馆。古物馆收藏着清宫遗留下的古物珍宝约100万件,图书馆接收了宫廷古籍图书约80万册,文献馆收存着宫廷文献档案约800万件。这些珍贵的古物、图书、文献,都是中华民族数千年积累下来的民族智慧的结晶,每一件都是价值连城的珍稀文化遗产。

数字紫禁城

明清紫禁城,占地72万平方米,建筑面积17万平方米,房屋建筑面积15.5万平方米。整座紫禁城,现存宫殿980余间,现存房屋8728间。

紫禁城呈长方形,南北长961米,东西宽753米,周长3428米。有4座城门:南为午门,北为神武门,东为东华门,西为西华门。北门神武门,原名玄武门,因避康熙皇帝玄烨讳,改称神武门;城墙高10米,呈梯形结构,上宽6.7米,下宽8.6米;城墙外16米是护城河,河宽52米,深6米。

城墙砖

紫禁城使用城墙砖有数千万块,这些皇宫御用砖又称澄浆砖,呈青灰色,主要是在山东临清取土烧制的。每块砖长48厘米,宽24厘米,高12厘米,重达24公斤。

金砖

紫禁城各大主要宫殿的地面上,都铺设金砖。这些金砖并不是金子制作的，也是澄浆砖，呈青灰色。皇宫御用金砖基本上都是产自苏州，取太湖泥浆经过选土、澄浆、制坯等26道工序，用柴草烧制130天，再经过加工而成。金砖分3种规格，都是正方形，其中最大的金砖是由皇帝专用，每块砖长、宽各77厘米，高13厘米，重达108公斤。每块砖上都有边款，上刻有烧制年代、物料规格、窑厂名、烧造者的姓名、督造者的姓名等。

最大的云龙阶石

保和殿北部正中的御道上，有一块紫禁城中最大的云龙阶石。这块云龙石雕，由整块汉白玉石雕刻而成，长16.57米，宽3.07米，厚1.7米，上刻18条龙。石雕分成4块，云龙分别是1、3、5、9条。石雕两边，有石阶64级（30、12、12、10级）；石雕外侧，有49级台阶（29、10、10级）。这块巨大的石料产自北京房山石窝村，重达250余吨，整块雕刻完成的石雕重达200吨。据说，为了将这个庞然大物运进皇宫，由皇帝下令，沿途先修路，每隔一里打一口井，在冬天严寒时节，取井水泼水成冰。用特制的旱船装运这块巨石，船体下垫上滚木，以2万名民工和1000匹骡马从路两边拉，每天行走5里地，共计费银11万两，才运进皇宫。

太和殿南面有大型汉白玉石雕，分成4块，共有19条龙，分别有2、3、5、9条，石雕两边，有60级台阶（27、12、12、9级）；石雕外侧，有44级台阶（24、10、10级）。

中国皇宫比较

紫禁城这座壮丽的皇宫，虽然无可争议地列居世界现存最大的一座皇宫，但是我们应该知道，在中国皇宫建造史上，明清紫禁城是面积较小的，它不仅比秦朝、汉朝、唐朝的皇宫小，而且略小于明太祖朱元璋建造于南京的皇宫。在皇宫的气势上，紫禁城也逊于汉、唐。单就皇宫中最大的宫殿来说，明清紫禁城的太和殿，放之于历史上也算不上是宏大的宫殿。中国最大的单体宫殿建造于公元前的秦朝，面宽200多米，进深100多米。故宫最大的宫殿太和殿宽60米，进深33米有余。唐朝的麟德殿，大小相当于明清太和殿的3倍。但是，明清紫禁城在精美和雅致上，是居于历代皇宫之首的，它集古代建筑工艺的最高成就于一身，格局最严整、紧凑，规制最合乎古代皇宫建造理念。

明清紫禁城，已经被列入世界文化遗产。这座皇宫，不仅是中国人的文化财富，同时它也属于整个人类。

世界皇宫比较

俄罗斯莫斯科红场克里姆林宫

克里姆林宫是俄罗斯历代沙皇的宫殿，也是莫斯科最古老的宫殿建筑群。它坐落在涅格林纳河和莫斯科河汇合处的波罗维茨丘陵上，南临莫斯科河，西北依亚历山德罗夫花园，东南是红场。克里姆林宫整体呈不等边三角形，面积27.5万平方米，周长两千多米。它始建于1156年，原为苏兹达里大公爵尤里·多尔戈鲁基的庄园，为木造小城堡，称"捷吉涅茨"。最初为木墙，1367年改为石墙。15世纪的砖砌宫墙保留至今。中央教堂广场上有15至16世纪建造的圣母升天教堂、天使教堂、报喜教堂、伊凡大帝钟楼和多棱宫等。1367年在城堡原址上修建白石墙，随后又在城墙周围建造塔楼。几经修缮扩建，20座塔楼参差错落地分布在三角形宫墙的三边。1935年在斯巴斯克塔、尼古拉塔、特罗伊茨克塔、波罗维茨塔和沃多夫塔等塔楼各装有大小不一的红宝石五角星，昼夜红光闪闪。

日本东京皇宫

日本皇宫是日本天皇的起居之地，位于东京中心千代田区，是天正十八年（1590年）由德川幕府第一代将军德川家康修筑的。这是一处占地2.3万平方米的日本传统建筑，它有绿色的瓦顶、白色的墙壁和茶褐色的铜柱。其中，正殿是整个皇家宫殿的中心，皇室的主要活动和外交礼仪都在正殿的"松之阁"举行。长和殿是天皇接受群众朝贺的地方，丰明殿内有大宴会场，常御殿为天皇内宫。皇宫正门前一座双孔拱式铁桥，桥身分上下两层，故名二重桥，是观赏皇居和拍照的最佳位置。此外，宫内还有花荫亭、观瀑亭、霜锦亭、茶室、皇灵殿、宝殿、神殿、旧御府。日本东京皇宫于明治六年（1873年）重建，占地面积为21.7万平方米，相当于紫禁城的1/3。

法国巴黎卢浮宫

卢浮宫始建于1190年，当时只是菲利普·奥古斯特二世皇宫的城堡。在十字军东征时期，为了保卫北岸的巴黎地区，菲利普二世于1200年在这里修建了一座通向塞纳河的城堡，主要用于存放王室的档案和珍宝，同时也安放他的狗和战俘，当时就称为卢浮宫。查理五世时期，卢浮宫被作为皇宫。皇宫 1541 年建成，此后 200 余年间，先后 4 次扩建，经历了最辉煌的路易十四时代和拿破仑帝国时代，曾经成为欧洲的政治、经济和文化中心。它的面积不大，只有紫禁城的 1/4。

亨利四世在位期间，他花了 13 年的功夫建造了卢浮宫最壮观的大画廊。这是一个很长的走廊，长达 300 米，十分华丽。亨利在这里栽满了树木，还养了鸟和狗，他喜欢在这里玩乐，甚至喜欢在走廊中骑着马追捕狐狸。路易十四是法国历史上最著名的国王，他被称为太阳王。他 5 岁时登基，在卢浮宫做了 72 年的国王，成为法国历史上在位最长的国王。路易十四把卢浮宫建成了正方形的庭院，并在庭院外面修建了富丽堂皇的画廊。他一生迷恋艺术和建筑，致使法国的国库空虚。1792 年 5 月 27 日，国民议会宣布，卢浮宫将属于大众，成为公共博物馆。这种状况一直延续了 6 年，直到拿破仑一世搬进了卢浮宫。

拿破仑在这座建筑的外围修建了更多的房子，并增强了宫殿的两翼，还在竞技场院里修建了拱门，拱门上的第一批雕刻马群是从威尼斯的圣马可教堂上取下来的。拿破仑以前所未有的方式装饰卢浮宫，他把欧洲其他国家所能提供的最好的艺术品搬进了卢浮宫。拿破仑不断地向外扩张，并称雄于欧洲，于是几千吨的艺术品从所有被征服的国家的殿堂、图书馆和天主教堂运到了巴黎。拿破仑将卢浮宫改名为拿破仑博物馆，巨大的长廊也布满了他掠夺来的艺术品。在卢浮宫里，拿破仑的光彩持续了 12 年，一直到滑铁卢战役的惨败。拿破仑三世时，卢浮宫整个宏伟建筑群才最后完成，富丽堂皇。建筑这座宫殿，前后将近用了 600 年时间。

俄罗斯圣彼得堡冬宫

冬宫初建于 1754 年至 1762 年，是 18 世纪中叶俄国巴洛克式建筑艺术最伟大的纪念物。1837 年一场大火将其焚毁，1838 年至 1839 年重建。第二次世界大战期间，冬宫再次遭到严重破坏，战后修复。冬宫是一座蔚蓝色与白色相间的建筑，高 3 层，宫殿长约 230 米，宽 140 米，高 22 米，呈封闭式长方形，占地 9 万平方米，建筑面积 4.6 万平方米。冬宫的亚历山大柱于 1830 年至 1839 年建成，以纪念 1812 年亚历山大一世率俄军战胜拿破仑军队这一伟绩。重建以后，冬宫的面积扩大至 1.78 万平方米。这个面积，仅仅是紫禁城的 1/9。

19 世纪中叶，当时的俄国有一项特别的法律规定，圣彼得堡市所有的建筑物，除教堂外，都要低于冬宫。冬宫面向涅瓦河，中央稍为突出，有 3 道拱形铁门，入口处有阿特拉斯巨神群像。宫殿四周有两排柱廊，气势雄伟。宫内以各色大理石、孔雀石、石青石、斑石、碧玉镶嵌；以包金、镀铜装潢；以各种质地的雕塑、壁画、绣帷装饰；色彩缤纷，气派堂皇。18 世纪下半叶，俄国女皇叶卡捷琳娜·阿列克谢耶夫娜二世在位时，曾下令拨出一部分房子用来收藏世界著名艺术珍品，并把这些房子称作"艾尔米塔什"（隐宫）。后来随着收藏品不断增多，于 1764 至 1789 年间又先后建了小艾尔米塔什和大艾尔米塔什。1905 年沙皇政府枪杀前往冬宫请愿群众的"流血星期日"事件，就发生在冬宫前面的广场上。1917 年 11 月 7 日（俄历 10 月 25 日），参加十月革命的起义群众攻下冬宫，在这里逮捕了资产阶级临时政府各部部长，这座昔日皇宫回到人民手中。十月革命后，1922 年苏联成立了国立艾尔米塔什博物馆，冬宫成为该博物馆的一部分。如今，在冬宫宽敞明亮的展厅里，共有各类文物 270 万件，其中绘画约 1.5 万幅，雕塑约 1.2 万件，版画和素描约 62 万幅，出土文物约 60 万件，实用艺术品 26 万件，钱币和纪念章约 100 万枚。藏品分原始文化史、古希腊罗马文化与艺术、东方民族文化与艺术、俄罗斯文化、西欧艺术史、钱币、工艺 7 个部分，并按地域、年代顺序陈列在 350 多间展厅里，展览线路加起来有 30 公里长，因而有"世界最长艺廊"之称。

现在的冬宫一般被称为艾尔米塔什国立美术馆，它和中国的故宫、法国的卢浮宫、英国的大英博物馆、美国的大都会博物馆并称为世界五大博物馆，以古文字学研究和欧洲绘画艺术品闻名世界。

英国伦敦白金汉宫

白金汉宫从建成直到今天，一直是英国皇室的宫殿。它的面积更小，仅仅只有紫禁城的 1/10。

白金汉宫位于圣詹姆士宫附近，1703 年由英国白金汉公爵建造。1825年，英国国王乔治四世扩建。1837 年，维多利亚女王入住此宫。1863 年，正成为英国历代君主的寝宫，是英皇权力的象征。整个皇宫是一座灰色的建筑物，四周围上栏杆，宫殿前面是一座广场，广场上有很多雕像。其中，维多利亚女王像上的金色天使，代表着皇室希望能够再现维多利亚时代的光辉。如果皇宫正上方飘扬着英国国王旗帜，则表示女王正在宫中。

白金汉宫的前身为白金汉屋（Buckingham House），集办公与居家于一体。它是一座 4 层楼的正方形的大建筑物，宫内有典礼厅、音乐厅、宴会厅、画廊等 600 余间厅室。此外，还有占地辽阔的御花园。花园花团锦簇，美不胜收。宫前广场上有胜利女神金像，金像高高地耸立在大理石台上，金光闪闪，好像随时要从天而降似的。白金汉宫由皇家卫队守卫，每年 4–9 月，上午 11：30 至 12：00 都会举行换岗仪式，其他月份每两天 11：30 举行一次。卫兵们在军乐和口令声中，作各种列队表演，并且举枪，互致敬礼，一派王室气象，吸引了无数路人和游客围观。

宫廷国宝的命运

有多少中国文物流失海外？

根据联合国教科文组织统计，中国大约有 160 余万件国宝级的珍贵文物流失海外，被世界各地的 200 余家博物馆收藏。日本仅仅在侵华期间掠夺的中国文物就达 360 余万件，流失海外的 3 万片珍贵的甲骨文片，日本就有约 1.3 万片。据记载，战后日本归还中国部分战争时期掠夺的中国文物，多达近 16 万车，其中珍贵文物就有 2000 余件。英法联军洗劫圆明园，八国联军进入北京，大肆掠夺，许多珍贵的文物流入英、法、美等国，成为各国博物馆引以为自豪的经典收藏。

大英博物馆的珍品收藏多达 700 万件，其中中国书画、古籍、玉器、陶器、瓷器、青铜器、雕刻品等珍稀国宝约有 12 万余件，而且许多都是从未面世的孤品。流失海外的中国古代绘画精品几乎都在馆中，包括：东晋顾恺之《女史箴图》的唐代摹本（清乾隆皇帝最为珍爱），初唐宗室李孝斌之子、左武卫大将军李思训《青绿山水图》，宋初江南画派代表人物巨然《茂林叠嶂图》，北宋三大家之一的范宽《携琴访友图》，号称龙眠居士的安徽人李公麟《华岩变相图》，北宋大文豪苏轼《墨竹图》等。

法国枫丹白露宫特设中国馆，收藏着中国珍稀文物也达 3 万余件，涉及中国古代绘画、书法、书籍、舆图、经卷、陶器、瓷器、玉器、青铜器等各个方面。法国国家图书馆也收藏着丰富的中国文物，藏品之精，令人惊叹。

日本拥有 1000 余座大小博物馆，这些博物馆收藏着大量的中国历代文物，数量应该在数十万件以上，其中珍品、孤品不计其数。东京国立博物馆是日本最大的国家博物馆，收藏着历代的文物珍品，藏品多达 9 万余件。其中，中国珍贵文物就约 1 万余件。这些文物，包括玉器、陶器、瓷器、书画、古籍等等。文物名品有：李迪《红白芙蓉图》，马远《寒江独钓图》，梁楷《李白行吟图》《雪景山水图》等。

分散在世界各地私人手中的中国珍贵文物的数量，实在无法统计，估计应该在 1600 万件以上。

有多少皇宫国宝流失宫外？

大约有 30 万件以上的皇宫国宝流传宫外。

流失海外的中国古代名画，有 2 万余件，其中，唐代卷轴画 20 余张，宋代卷轴画 200 余张，元代画近 200 张，明代画约 8000 张，清代画约 1.2 万张。按照流失海外的地区划分，美洲、欧洲和日本各占 1/3。美洲主要是美国和加拿大，欧洲则主要是当年来到中国大肆掠夺的英国、法国、德国、瑞典、比利时等国。

这些中国的国宝，几乎都是在那个任人宰割的年代被侵略者强行抢夺去的。他们掠夺的文物，主要是 1860 年英法联军洗劫圆明园、1900 年八国联军掠夺北京，以及盗窃龙门石窟、敦煌藏经洞等得来的珍贵藏品，包括《女史箴图》《洛神赋图》《七月都下》《离骚经》和著名的洛阳龙门石窟《帝后礼佛图》浮雕等等。

国宝《女史箴图》

西晋大文豪张华有感于宫廷女史记载的宫中生活，写下了名作《女史箴》。女史是宫中的女官，随从在皇后左右，主要职责有二：一是记载皇后的言行；二是根据皇帝、皇后旨意，制订宫中制度，以便宫中嫔妃们遵守。箴是古代的一种文体，意在告诫、规劝、示范，既是一种座右铭，也是生活的行为规范。

当时，晋惠帝昏庸无能，国家政治黑暗，性情凶狠的贾皇后总揽皇权，安插亲信，朝廷一片昏暗，宗室诸王和正直大臣对此十分不满。中国古代流传着这样一幅名联：玉轴牙签唐李泌，琅函金籍晋张华。

张华是汉重要谋臣张良的后裔，他的父亲张平官至渔阳太守，他因才华出众，从魏至晋，历官县吏、长史、黄门侍郎、中书令，后官至宰相。张华有感于当时的晋室混乱，特别是后宫无序，特地创作了《女史箴》。《女史箴》334字，是一篇宫廷规箴，通过女史的口吻，以生动流畅的韵文形式，郑重规劝宫中的女性在日常生活之中应当对主忠、对神敬、对夫从。这显然是儒家的礼制纲常，是张华所期望的宫中女性的礼仪箴条和应该遵循的道德规范。同时，书中列举了许多女性误国的历史故事，讽刺淫荡、堕落和专权的贾皇后。

《女史箴图》是东晋时期的绢画杰作，由大画师顾恺之根据《女史箴》为内容的宫廷题材而精心绘制的宫室生活长卷。顾氏是无锡人，出身于名望大族，官至散骑常侍，喜好绘画、诗书，博学通才，人称三绝：画绝、才绝、痴绝。绘画方面，擅长画人物、山水，提出了以形写神的著名论断。魏晋时期，画家们善于运用线条勾画人物，这种细腻的线条均匀流畅，富于节奏感，顾恺之将这种线条技法推向了极致，创造了一种如春蚕吐丝一般的连绵缭绕的线条画面。画长约348.2厘米，高约24.8厘米，横幅长卷。画面内容原有12段，现仅存9段，每段都是一个生动的故事。

第1段，画疱牺氏定君臣夫妇之礼的故事；第2段，画楚庄王夫人进谏大王，不要沉溺于狩猎；第3段，画齐景公夫人卫姬，拒绝听郑卫之音以感化喜好淫乐的君主；第4段，汉元帝之妃婕妤冯媛在皇帝遇险的危急关头，挺身而出，挡住大熊，护卫皇帝；第5段，汉成帝之妃班婕妤辞辇进谏；第6段，劝诫宫女们，天下万物盛极而衰，得宠时不可傲慢；第7段，画两位皇后精心修饰，题箴称：人咸知修其容！第8段，画一对男女，房帏之间发生了争执，告诫女子应当善言相待；第9段，夫妇并坐，群婴绕膝，告诫日常生活之一言一行都关乎荣辱；第10段，男女两人，相对而立，男子准备离开，规劝女子不能争宠，宠极必弃；第11段，一女子端坐，十分贞静，意思是女子要想富贵，必须谨言慎行；第12段，两位美姬结伴而行，互相私语，随后一女子姿态优雅，执笔而书，意思是宫中嫔妃们一定要慎言慎行。整幅画，画师根据自己的阅历和知识，较为真实地展示了晋室宫中的生活场景和上层贵族女性的隐秘生活，绢画中的人物栩栩如生，堪称国宝中的国宝。

《女史箴图》流传着两个绢本：一是南宋摹本，品相一般，现收藏于故宫博物院；一是唐人摹本，一直由宫中收藏，清末时被英国大尉基勇松盗往英国，现收藏于大英博物馆。

国宝《三希堂法帖》

三希堂法帖，就是三件晋代书法大师传世的三件国宝墨迹。这三件墨迹，因为清乾隆皇帝的欣赏而身价倍增。乾隆皇帝先拥有祖父康熙皇帝传下来的晋书圣王羲之的《快雪时晴帖》，爱不释手。乾隆十一年（1746年），乾隆皇帝又集得王献之《中秋帖》、王珣《伯远帖》。36岁的乾隆皇帝喜不自胜，认为自己已经拥有世上最为宝贵的三件稀世奇珍，特地吩咐，在日常理政的养心殿南窗的最西间，专辟一室，收藏这三件墨宝，赐名"三希堂"，并御笔亲书匾额。这三件国宝，自入宫以后，就杳无踪影。清亡之际，三件稀世国宝流失宫外，开始了它们长达半个世纪颠沛流离的旅程。最后，第一希流落台湾，成为台北故宫博物院的镇院之宝。另二希从大陆到台湾，又流落到香港，由中央政府以48万港币收购，重新回到紫禁城，入藏故宫博物院。

国宝《夜宴图》

《夜宴图》是五代南唐大臣韩熙载的夜生活纵乐图，是由南唐宫廷画师顾闳中奉旨观察韩熙载夜宴之后，默记在心，凭自己的记忆而秘密绘出、进呈给皇帝李后主的一件绘画作品。这是一件全景式的绘画长卷，可以称作是中国古代宫廷画师的传世杰作。乾隆皇帝极喜爱此画，反复观赏，题写长跋，钤盖御用章。此画在清末流失宫外，张大千宁可放弃购买王府，而用500金购买此画。这幅国宝，现收藏于故宫博物院。

国宝《清明上河图》

《清明上河图》是宋代画家张择端留给世人的一件墨宝珍迹，是中国古代传世的一件妇孺皆知的神品。这件稀世国宝，展现的是宋代都城普通市民生活和人文风情。在以风雅自居的乾隆皇帝眼里，这件作品没有进入宫中一流绘画珍品的行列。但是，晚清时期，懂得鉴赏的大臣认识了它的价值，将其列为上品。清逊帝溥仪出宫时，将它随身带在身边。最后，专家在一间极其简陋的仓库中发现了这件稀世国宝，它才重新回到紫禁城，入藏故宫博物院。其实，乾隆皇帝在心里很欣赏这件市民生活的作品，继位之初，25岁的乾隆皇帝吩咐一流宫廷画师临摹这件作品。如今，乾隆元年的临摹品收藏在台北故宫博物院。

国宝《十骏图》

《十骏图》是清代供职宫廷的西洋画师留下的绘画作品，也是宫廷洋画师的代表性作品。乾隆年间，有两套《十骏图》问世，画师是郎世宁和艾启蒙。西洋画师的全新手法和光影透视功夫令中国皇帝吃惊，也让中国宫廷画师们赞叹不已。两套《十骏图》，风采各异，栩栩如生，然而，它们却天各一方，分隔于海峡两岸。

1933年，国宝文物南迁装箱之时，故宫博物院古物馆中只找到了这两套《十骏图》20幅中的11幅，包括郎世宁所画的8幅，也就是郎世宁的第一套5骏：奔霄骢、赤花鹰、雪点雕、霹雳骧、籋云驶，第二套3骏：红玉座、如意骢、大宛骝和艾启蒙所画的3幅。这11骏，现收藏于台北故宫博物院。另外，尚有9幅没有下落：郎世宁画的5幅——收存于御书房的万吉骦、阚虎骝、狮子玉、自在骦、英骧子和艾启蒙画的4幅——收贮于宁寿宫中的驯吉骝、锦云骓、佶闲骝、胜吉骢。文物南迁以后，故宫博物院组织人员继续清点，找到了这余下的 9 幅，正是《石渠宝笈》所记载的十骏真品。

英法联军洗劫圆明园国宝

清咸丰十年（1860 年），英法联军入侵北京，洗劫圆明园，掠夺园中珍贵文物不计其数。仅大英博物馆就有 2 万余件的收藏，包括：皇帝御玺、如意、时钟、金塔、玉磬、瓷器、陶器、玉器、漆器、牙雕、珊瑚、琥珀、水晶、朝珠以及乾隆皇帝极其珍爱的高约 3 尺的白色大玉马等珍稀孤品。

大英博物馆是英国最大的国家博物馆，是世界上公认收藏中国珍贵文物最丰富、最精美的博物馆。英法联军掠夺圆明园以后，英军将部分抢夺的珍贵文物进献给当时当政的维多利亚女王，女王将这批文物存放在大英博物馆。馆中 700 万件藏品，大多是掠夺来的世界各国珍贵文物。中国文物大约 2 万余件，包括敦煌盗宝第一人的斯坦因盗取的大批敦煌古书和其他文物。大英图书馆收藏有中国珍贵古籍大约 1.3 万多件，其中，包括十分珍稀的甲骨文、竹简、敦煌藏经，还有他们视为极品珍藏的中国《波罗蜜多经》的最早版本、明本《永乐大典》4 卷和珍稀的舆图等等。

法国是掠夺圆明园文物的另一个主要国家，收藏圆明园珍贵文物最多、最好的博物馆是法国称为蓝色之泉的枫丹白露王宫。这座公元 12 世纪法王路易六世开始兴建的王宫，一直是皇帝避暑、狩猎、游乐之所。经过几代帝王不断地兴建、扩充和对外掠夺，王宫日益完善，富丽堂皇。

枫丹白露宫中的中国馆，是法国皇帝拿破仑三世的皇后欧仁妮建立的。这位美丽的法国皇后，喜爱珍宝文物，特别是东方珍品。1860 年，英法联军取得空前大捷，洗劫了万园之园的圆明园。满载而归的侵华法军司令孟托邦得意洋洋，将部分抢劫来的战利品敬献给自负的拿破仑三世和美丽的皇后。面对士兵们掠夺来的中国圆明园的精美文物，皇后喜不自胜，吩咐特建中国馆，收藏这些稀世之珍。中国馆收藏极其丰富，涉及书画、首饰、金器、银器、书籍、瓷器、玉石、香炉、编钟等，都是稀有珍品。这些文物、器物之华贵，造型之精美，制作之细致，都是令人惊叹的。中国馆的珍藏和展览，可以说是中国圆明园艺术品在法国的再现。

法国国家图书馆是法国国家级最大的图书馆，收藏着十分丰富的东方图书，特别是中国古籍。藏品时代之早、品相之精、器物之美，都是别的图书馆无法相比的。包括：东晋（406年）绢写本《十诵比丘戒本》，沙门弘文手书诵读本；北魏（471年）绢写本《佛说无量寿经》卷下，康僧铠译；北魏宣武帝延昌三年（514年）写本《诚实论》，敦煌镇经生师令狐崇哲法海寺手写；北魏普泰二年（532年）写本《大智第二十六品释论竟》，鸠摩罗什译，东阳王元荣造；大梁天监十八年（519年）写本《出家人受菩萨戒法卷第一》，戴萌桐书；陈宣帝太建八年（576年）写本《佛说生经第一》，洛阳白马寺慧湛造；隋开皇九年（589年）写本《大楼炭经卷第三》，法立、法炬译，上书"皇后为法界众生敬造一切经"；唐代精绣本，黄丝绢绣于蓝绢上的丝绣本《佛说斋法清静经》；唐代精写本，《妙法莲华经卷七品第二十五佛说观世音经》，蓝笺，泥金书，鸠摩罗什译；唐写本金字藏经《添品妙法莲华经序品第一》、黑地金字《金刚般若波罗蜜经》、墨笔泥金三行间书的《普贤菩萨行愿王经》；明万历九年（1581年）刻本《大方广佛华严经普贤行愿品》；《大清万年一统地理全图》《黄河地区全图》《重庆府渝城图》等大量珍稀舆图。这里也收藏着丰富的圆明园文物，包括清宫廷画师沈源、唐岱精绘的绢本《圆明园四十景诗》，宫廷画师沈源、孙佑精刻的木刻本《圆明园四十景图》，宫廷画师郎世宁所画《圆明园菊花迷宫图》《格登鄂拉斫营》，宫廷画师伊兰泰精绘的海晏堂西洋楼铜版画40幅等等。

八国联军洗劫北京国宝

清光绪二十六年（1900年），八国联军入侵北京，皇宫珍宝文物再遭浩劫，大量宫廷文物被掠走。据清内务府进奏，掠夺的文物主要包括：碧玉弹子24颗，金钟2座，李廷珪墨1盒，琬琰大屏风4扇，玉马1匹，墨晶珠1串，林凤翔、洪宣娇牙齿一盒，宝物约2000余件。

北京四坛，天坛、地坛、日坛、月坛镇坛之宝——苍璧、黄琮、赤璋、白琥不幸丢失；坛庙损失的珍宝也很惊人，主要包括：天坛1148件，社稷坛168件，嵩祝寺金像3000尊，铜佛5万座等等。

一日游故宫导游

一日游故宫最佳导引路线图：

天安门 – 午门 – 太和殿 – 保和殿 – 乾清宫 – 坤宁宫 – 御花园 – 西六宫 – 养心殿 – 乾清门 – 东六宫 – 北出御花园 – 向东 – 宁寿宫。

神武门 – 御花园 – 西六宫 – 养心殿 – 乾清门 – 乾清宫 – 坤宁宫 – 东六宫 – 保和殿 – 太和殿 – 向东到文华殿 – 向北到宁寿宫。

故宫周边重要景区导引路线图：

出午门 – 向东进劳动人民文化宫 – 向西进中山公园 – 向南出天安门 – 进入天安门广场 – 南为人民英雄纪念碑、毛主席纪念堂 – 东为国家博物馆 – 西为人民大会堂 – 再向南为前门大栅栏 – 天坛、先农坛。

出神武门 – 向北为景山公园 – 北京少年宫 – 兵马司 – 什刹海 – 恭王府 – 钟鼓楼 – 德胜门。

出神武门 – 向东为中国美术馆 – 隆福寺 – 东岳庙。

出神武门 – 向西为北海公园 – 白塔寺 – 历代帝王庙。

出东华门 – 东华门夜市一条街 – 王府井 – 东安市场 – 百货大楼 – 光明眼镜店 – 王府井书店。

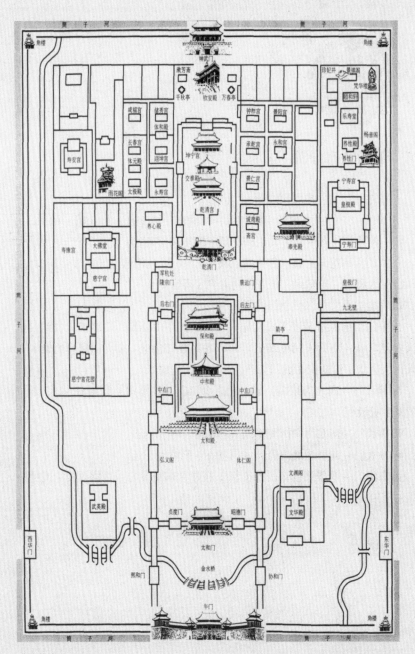

手绘故宫平面图